珠宝首饰
销售岗位实务

阮耀华 陈畅 编著

ZHUBAO SHOUSHI
XIAOSHOU GANGWEI SHIWU

中国地质大学出版社
ZHONGGUO DIZHI DAXUE CHUBANSHE

前　言

珠宝首饰销售技能是宝玉石营销专业及相关专业重要的职业能力,也是珠宝首饰销售人员的核心职业能力。随着我国珠宝销售市场竞争日趋激烈,珠宝首饰销售技能在销售活动中发挥着越来越重要的作用。如何提升珠宝首饰销售技能已经成为珠宝首饰销售从业人员迫切需要了解和掌握的基本技能。

《珠宝首饰销售岗位实务》一书以珠宝首饰销售人员的具体工作要求和内容为切入点展开论述。本书共分为两个学习情景:学习情景一,珠宝首饰销售人员岗位基础训练;学习情景二,销售人员岗位实务。在学习情景一中介绍了珠宝首饰销售岗位要求、珠宝首饰销售店铺氛围营造和商品陈列、珠宝首饰店铺安全等内容。在学习情景二中介绍了珠宝首饰销售前准备、珠宝首饰顾客的消费心理、珠宝首饰销售技巧和售后服务等内容。本书学习情景一中的单元三珠宝首饰销售人员形象由注册礼仪培训师陈畅编写,其余部分由讲师阮耀华编写。

本书在结构安排上有学习目标、知识要求、金牌案例、金牌提醒、知识拓展、课后训练和实训操作等环节。本课程的教学需要理论联系实际,要求学生在教师的指导下进行知识要求的学习,经过一定的销售理论的学习后,根据销售训练和实训操作进行参与式学习。每个学习任务的教学活动完成后,教师可以通过评价学生学习目标完成情况来检验教学效果,同时学生也可以根据对比学习目标要求进行自我检验。这种以学生为主体的课程,能够在一定时间内使学生的珠宝首饰销售技能得到提高,从而在毕业后能顺利地从事珠宝首饰销售工作。

由于编者自身学识水平和实践经验有限,书中难免存在不妥之处,敬请同行和读者批评指正。

编著者
2019 年 1 月

目　录

学习情景一　珠宝首饰销售人员岗位基础训练

单元一　珠宝首饰 ……………………………………………………………（3）

　　任务一　认识珠宝首饰与首饰佩戴文化……………………………………（3）
　　任务二　熟悉常见的珠宝玉石及贵金属知识………………………………（8）
　　任务三　掌握珠宝首饰的佩戴指导…………………………………………（20）
　　任务四　掌握珠宝首饰的保养方法…………………………………………（26）

单元二　珠宝首饰销售岗位 ……………………………………………………（30）

　　任务一　理解珠宝首饰销售岗位的职业要求………………………………（30）
　　任务二　理解珠宝首饰销售岗位职业道德的内容…………………………（35）
　　任务三　理解珠宝首饰销售岗位的心态要求………………………………（42）

单元三　珠宝首饰销售人员形象 ………………………………………………（47）

　　任务一　珠宝首饰销售人员礼仪形象………………………………………（47）
　　任务二　掌握珠宝首饰销售人员的语言要求………………………………（53）

单元四　珠宝首饰销售店铺 ……………………………………………………（60）

　　任务一　珠宝首饰店铺的业态类型…………………………………………（60）
　　任务二　营造珠宝首饰销售店铺氛围………………………………………（62）
　　任务三　掌握珠宝首饰店铺的商品陈列……………………………………（72）

单元五　珠宝首饰店铺安全 ……………………………………………………（79）

　　任务一　珠宝首饰店铺偷盗的预防与处理…………………………………（79）
　　任务二　珠宝首饰店铺抢劫的预防与处理…………………………………（83）

任务三　珠宝首饰店铺消防事件的预防与处理 …………………………（85）

学习情景二　珠宝销售人员岗位实务

单元六　珠宝首饰销售前的准备 ………………………………………（93）
　　任务一　熟悉珠宝首饰店铺人员的工作职责与工作流程 ……………（93）
　　任务二　掌握珠宝首饰货品管理 ………………………………………（99）
　　任务三　熟悉珠宝首饰店铺营业前的准备 ……………………………（104）

单元七　珠宝首饰顾客的消费心理 ……………………………………（108）
　　任务一　认识顾客 ………………………………………………………（108）
　　任务二　珠宝首饰顾客消费心理分析 …………………………………（112）

单元八　珠宝首饰销售技巧 ……………………………………………（115）
　　任务一　运用接近顾客的技巧 …………………………………………（115）
　　任务二　通过询问探寻顾客需求 ………………………………………（120）
　　任务三　运用推荐珠宝首饰商品技巧 …………………………………（125）
　　任务四　运用顾客异议处理技巧 ………………………………………（131）
　　任务五　促成交易 ………………………………………………………（138）

单元九　售后服务 ………………………………………………………（147）
　　任务一　掌握珠宝首饰产品的售后服务 ………………………………（147）

参考文献 …………………………………………………………………（151）

学习情景二

珠宝首饰销售人员岗位基础训练

单元一　珠宝首饰

任务一　认识珠宝首饰与首饰佩戴文化

★ 学习目标

通过本任务的学习,学习者能认识珠宝首饰常见的种类并了解首饰佩戴文化。

★ 知识要求

一、珠宝首饰

自古以来,珠宝首饰就在人类社会生活中扮演着重要的角色,与人类的饮食起居、思想感情乃至国家的政治经济密不可分,并且它的表现形式和表达内容都在不断地发生着新的变化。那么什么是珠宝首饰呢?对它的理解或许会因时空的变迁、地域文化的差异而有所不同。但是,人们普遍能接受的说法是,珠宝首饰是一种贵重的且受人喜欢的装饰品,而且这种装饰品所代表的意义与价值会因人、因时、因地、因事而有所不同。珠宝首饰是一种有形的存在,具有三个方面的功能:装饰的功能、实用的功能和传达信息的功能。其中装饰则是珠宝首饰最基本的功能。

（一）首饰的概念

1. 狭义的概念

首饰是指用贵金属材料、天然珠宝玉石材料制作的工艺精良并以个人装饰为主要目的的饰品。

2. 广义的首饰概念

首饰是指用各种材料(金属材料、天然珠宝玉石材料、人工宝石材料,甚至包括塑料、木材、皮革等材料)制作的用于个人装饰及其相关环境装饰的饰品。广义概念所指的首饰包含了狭义概念所指的首饰、摆件等。

(二)首饰的分类

首饰分类的标准很多,并不统一。不同的分类原则产生不同的分类方案,归纳起来主要有以下几种。

1. 按材料分类

1)金属首饰

金属首饰是指用各种金属材料制造的首饰。

(1)金:千足金、足金、金合金(K金)。

(2)铂:不同纯度的铂。

(3)银:纯银、普通首饰银。

(4)钯:不同纯度的钯。

其他的金属首饰还有铁(多为不锈钢)、镍合金、铜及其合金、铝及其合金、锡合金等。

2)非金属首饰

非金属首饰是指用各种非金属材料制造的首饰。如:宝玉石材料,玻璃、陶瓷,皮革、绳索、丝绢类,塑料、橡胶类,木料、植物果实类。

2. 按工艺手段分类

(1)镶嵌宝石首饰。利用各种工艺手段将宝石材料镶嵌于金属材料中制成的首饰。在此,金属材料主要指贵金属。

(2)金属首饰。用金属材料直接制造的首饰。此类首饰常用贵金属直接制作,故又称贵金属首饰。

3. 根据设计师的设计理念、首饰消费对象、市场等因素分类

(1)商业首饰。一种价格适中、适应市场消费需求及流行趋势、可批量生产的珠宝首饰。

(2)艺术首饰。一种使用材料无限制、带有设计师浓重的主观文化色彩和创意并且有更多的艺术性和欣赏性的首饰。

4. 按佩戴者性别分类

(1)男性首饰。广义的男性首饰包括除服装之外,男性生活中的一切装饰用品,如眼镜、金笔、名片盒、烟盒、戒指、项链等。狭义的男性首饰仅包括适合男性的艺术装饰品,如项链、手链、领带夹、胸针、皮带扣、袖扣等。

(2)女性首饰,即女性专用首饰。

5. 按佩戴部位分类

(1)头饰。即装饰人体眼睛以上部位的首饰,主要品种有冠饰、发饰、额饰。

(2)面饰。即装饰人体眉部以下、下颚以上的脸部首饰,主要品种有耳饰、鼻饰、眼镜、牙饰、唇饰等。

(3)项饰。即装饰人体颈部的首饰,其主要品种有项圈、项链、项坠等。

(4)胸饰。在某些著作中也称为服饰,即以服装为依托的佩戴于人体胸前的首饰,主要品种有胸针、领花、领带夹等。

(5)手饰。即装饰人体手和手臂的首饰,主要品种有戒指、手镯、手链与臂镯。

(6)腰饰。即装饰人体腰部的首饰,主要品种有腰带、腰间挂坠、带钩、玉别子等。

(7)脚饰。即装饰人体脚部的首饰,主要品种有脚镯、脚链、脚趾环等。

二、珠宝首饰产业

珠宝首饰产业是一个文化产业,这里包含着自然科学、社会科学、人文科学。它蕴含着我国悠久的传统文化,也承载着我国历久弥新的先进文化。发现并创造珠宝首饰的美丽、传播珠宝首饰的美丽应是珠宝首饰产业的主旋律,也应是珠宝首饰产业的历史使命。

珠宝首饰产业是以珠宝首饰市场为对象,为珠宝首饰消费者提供珠宝首饰产品和服务的综合性产业。从广义上说,它包括探矿(寻找天然宝玉石资源和贵金属资源)、采矿与冶炼(开采宝玉石资源和贵金属资源及冶炼)、科学研究(宝玉石的鉴定、宝玉石的优化技术和处理技术、饰用贵金属材料的研究等)、人工宝石业(合成宝石、人造宝石、再造宝石和拼合宝石等)、珠宝首饰加工业(切磨宝石、玉石雕刻、珠宝首饰款式设计和珠宝首饰制作)、珠宝首饰贸易营销(宝石和玉石的原石贸易、宝石半成品贸易和珠宝首饰成品贸易)等诸多方面。

三、首饰佩戴文化

(一)生辰石

十二月生辰石是欧美传说中代表在十二个月份里出生的人们的诞生石。古人认为生辰石具有避邪护身的魔力,能给佩戴者带来好运。随着科学的发展,人们已不再相信生辰石的特殊功效,然而却把它作为一种美好的愿望和佩戴习俗继承下来,以表示对生辰的纪念和祝福。

不同国家所认可的生辰石不太相同,我国珠宝界普遍接受的生辰石如表1-1所示。

表 1-1 生辰石及其所示意义

月份	生辰石	代表意义
1月	石榴石	个性开朗,有朝气
2月	紫晶	浪漫温柔,有思想
3月	海蓝宝石	朝气十足,有干劲
4月	钻石	气质高贵,有内涵
5月	祖母绿	沉稳实在,有历练
6月	珍珠	高雅婉约,有气质
7月	红宝石	热情活泼,有见地
8月	橄榄石	处事完美,有条理
9月	蓝宝石	冷静清晰,有计划
10月	欧泊	随机应变,有创意
11月	黄玉	思考缜密,有胆识
12月	绿松石	风流有趣,有人缘

(二) 星座与珠宝首饰

星座与宝石的关系源于星相学及占星术。星相学提出了"黄道十二宫"之说。"黄道"即指太阳每年在十二恒星之间运行的轨迹,沿黄道每30°为一宫,黄道共360°分为十二宫,又称黄道十二星座,它们的名称分别是:水瓶座、双鱼座、白羊座、金牛座、双子座、巨蟹座、狮子座、处女座、天秤座、天蝎座、人马座、摩羯座。

与此同时,占星术也把人的诞生与星座联系起来,认为某个时间诞生的婴儿,必定来自该时间内在地平线上出现的星座。而珠宝商则将星相学与占星术一起引入宝石学,指出属于哪个星座的人应佩戴什么样的宝石可以显示身份和保佑平安,这种习俗一直延续至今(表1-2)。

表 1-2　星座与幸运石

星座	日期	幸运宝石
水瓶座	1月21日—2月18日	石榴石
双鱼座	2月19日—3月20日	紫晶
白羊座	3月21日—4月20日	鸡血石
金牛座	4月21日—5月21日	蓝宝石
双子座	5月22日—6月21日	玛瑙
巨蟹座	6月22日—7月22日	祖母绿
狮子座	7月23日—8月23日	缟玛瑙
处女座	8月24日—9月23日	红玛瑙
天秤座	9月24日—10月23日	贵橄榄石
天蝎座	10月24日—11月22日	绿柱石
人马座	11月23日—12月21日	托帕石
摩羯座	12月22日—1月20日	红宝石

(三) 生肖与珠宝首饰

在中国传统中,习惯用生肖(属相)来表示人的出生年份,即(子)鼠、(丑)牛、(卯)兔、(辰)龙、(巳)蛇、(午)马、(未)羊、(申)猴、(酉)鸡、(戌)狗、(亥)猪。而人们也喜欢那些刻有自己属相的玉牌、项坠、戒指等,把它们视为护身符,以图吉祥平安。

(四) 婚姻首饰

婚姻是人生大事,古今中外都有向配偶馈赠珠宝首饰的习俗。结婚周年与相应的首饰如表 1-3 所示。

表 1-3 结婚纪念石

结婚周年	纪念婚名称	纪念物
15 周年	水晶婚	水晶
25 周年	银婚	银饰
30 周年	珊瑚婚	珊瑚
35 周年	珍珠婚	珍珠
40 周年	蓝宝石婚	蓝宝石
45 周年	红宝石婚	红宝石
50 周年	金婚	金饰
55 周年	绿宝石婚	祖母绿
60 周年以上	钻石婚	钻石

任务二　熟悉常见的珠宝玉石及贵金属知识

学习目标

1. 了解常见珠宝玉石及贵金属的品种和评价标准。
2. 应用所学的专业知识向顾客介绍贵金属首饰。
3. 能解答顾客提出的与珠宝首饰相关的问题。

知识要求

一、常见的珠宝玉石品种

（一）珠宝玉石基本特性

自然界中发现的矿物已超过 3 000 种，但可作为宝石原料的仅 230 余种，而国际珠宝市场上的主要中高档宝石只有 20 多种，可见矿物岩石必须具备一定特性才可能成为宝石。这些特性包括以下几点。

1. 美丽

美丽是宝石价值的首要条件。宝石的美由颜色、透明度、光泽、纯净度等因素构成。宝石的颜色有彩色和无色之分。彩色宝石要求颜色艳丽、纯正、均匀。对于无色宝石(钻石除外),颜色便不是评价的主要因素了。

宝石应具有良好的透明度和纯净度。彩色宝石虽然不能达到清澈透明的外观,但较高的透明度将会提高宝石的总体观赏性。而无色宝石的透明度和纯净度是体现宝石美感的主要因素,如无色水晶,但对于某些宝石来讲,并不是透明度和纯净度越高越好,如对某些具有特殊光学效应(星光效应、猫眼效应等)的宝石,则要求相关包裹体较为丰富,因为当纯净度和透明度不太高时,其特殊光学效应才能更明显。光泽是宝石表面反光的一种视觉效果。无色的钻石能成为宝石之王,很重要的一个因素是因为它具有极强的光泽,在阳光下光芒四射,给人以光彩夺目、灿烂辉煌的感觉。

有些宝石不以颜色来确定价值,但具有特殊光学效应,如星光效应、猫眼效应、变彩效应等,这些特殊的光学效应具有特殊的美感,因而使宝石价值倍增。

2. 耐久性

宝石不仅应绚丽多姿,而且需要经久不变,即具备一定的硬度、韧性和化学稳定性等。

3. 稀有性

宝石以产出稀少而名贵。这种稀有性包括品种上的稀有和品质上的稀有。如紫晶因为品种的稀有性而影响其价格,最初只见于欧洲大陆,被人们视为珍宝,价值很高,但当在其他国家大量发现以后,价格则不断下降。如拉长石在品质上稀有,曾经以其稀有的变彩效应备受人们珍爱,但自加拿大、俄罗斯发现拉长石资源后,它就变成普通宝石品种了。所以在美丽、耐久和稀有这三个方面同为最佳或其中一两个方面最为突出的品种才能称为宝石。其中一两个方面最为突出的宝石在价值上会有所差异。

(二)常见的珠宝玉石

1. 钻石

顾客在选购钻石时,多数是为了订婚、结婚、表达爱意等,而大多数顾客对钻石了解不多,因此购买时难免出现疑惑。面对顾客的疑惑,珠宝首饰销售人员如果能运用自己丰富的专业知识,向顾客解释说明钻石品质,并使顾客体会到拥有钻石的乐趣,无疑会提高钻石饰品的销量。

钻石的珍贵在于它的美丽、耐久和稀少。钻石的美主要表现在它对光所产生的独特效应。在灯光下转动钻石,人们看到的不仅仅是钻石的晶莹剔透,同时可看到火彩。钻石是迄今为止人们发现的自然界中最硬的物质,莫氏硬度为10,而按照绝对硬度来衡量,钻石的硬度是红宝石的140倍,水晶的1 000倍,所以它具有极强的抗刻划、抗磨蚀的能力。

钻石形成于地球150～200km的深部,平均开采数百吨矿石才能采到一粒1ct的钻石。而每年钻石的总产量中仅1/4可达到宝石级,其余大部分均为工业级。

钻石的颜色可分为开普系列(无色至浅黄色、浅褐色或浅灰色系列)、彩色系列(黄色、褐色、红色、粉红色、蓝色、绿色、紫罗兰色、黑色等)。钻石为典型的金刚光泽,成品钻石表面具有耀眼的光芒,有经验的人可在众多无色宝石如水晶、托帕石等中按照光泽将钻石识别出来。钻石色散强,色散值为0.044,表面可看到柔和的以橙色、蓝色为主的火彩。而合成立方氧化锆、钛酸锶、合成金红石等人工宝石的色散高于钻石,表面色散颜色过于艳丽,呈细碎的五颜六色的光芒。其他仿制品如玻璃、水晶等,则色散低,表面很少出现彩色光芒。钻石的硬度高,成品钻石在10倍放大镜下可见平滑的表面及尖锐的棱角,腰围往往不抛光,有时腰围可见原始晶面。相应的仿制品棱角较圆滑。钻石的解理较发育,在粗磨过程中如果用力过猛,会在腰围沿解理面产生裂纹并向钻石内部延伸,其外观像胡须,称为"须状腰",有时可见"V"形缺口,而仿制品往往趋向贝壳状断口。在放大检查时,常可见钻石内部具有不同颜色的矿物晶体、云状包裹体、点状包裹体、羽状纹、生长纹等。透视试验中将圆钻型切工的宝石台面向下,放在一张有线条的白纸上,透过宝石观察纸上的线。若为钻石,光线不能通过亭部刻面,因此透过钻石看不到纸上的线条,而大部分仿制品的折射率不同,透出的现象也不一样,通常能看到线条。钻石具有高热导率,热导仪就是利用钻石的这一性质将钻石与仿制品加以区别。当将钻石置于热导仪探头下,仪器的红色显示灯会闪烁并发出蜂鸣声,而绝大多数仿制品由于热导率不高而无反应。这是一种快速简便又较为准确的检测方法。

钻石的品质评价遵循4C标准,即颜色(Color)、净度(Clarity)、切工(Cut)、质量(Carat Weight)。在国内市场上,每一粒20分以上甚至15分以上的钻石在摆上柜台前都要按照4C标准进行分级。

珠宝销售人员面对的主要是镶嵌钻石。镶嵌钻石的颜色分级,由高到低共分D-E、F-G、H、I-J、K-L、M-N、<N七个级别。镶嵌钻石颜色分级应考虑金属托对钻石颜色的影响,应注意加以修正。准确的颜色级别需在实验室条件下才能确定。

镶嵌钻石通常只能从冠部观察它的净度特征,钻石边缘的瑕疵有可能被金属托架所掩盖,所以镶嵌钻石的净度由高到低分为 IF、VVS、VS、SI、P 五个等级,每个等级不再进行细分。一般切工比例好的钻石表面明亮,光芒耀眼。当切工比例不太好时,同样质量的两粒钻石,台面过大的会显得"个儿大",但火彩会减弱,钻石看上去呆板无生气;台面过小的火彩强烈,当转动钻石时五颜六色的光芒十分明显,但钻石看上去会显得较小。

镶嵌钻石中裸钻的质量大多直接被标在金属托架上,业界习惯用"克拉"(ct)来表示钻石的质量。$1ct=0.2g=100p$,实际称重时要求天平精确度为 $0.0001g$。

2. 红宝石与蓝宝石

红宝石呈深浅不同的红色,蓝宝石呈浅蓝色至深蓝色,还有绿色、黄色、无色等多种颜色。红宝石、蓝宝石具玻璃光泽至亚金刚光泽,因此成品宝石表面明亮。两者均具多色性,透明至半透明。红宝石具荧光效应,所以在强太阳光下红宝石的颜色会更加明亮艳丽。红宝石和蓝宝石都可具六射星光,偶见十二射星光,部分蓝宝石还会有变色效应。红宝石、蓝宝石的硬度仅次于钻石,所以成品宝石表面可以磨得很光滑,棱角分明。红宝石、蓝宝石的密度比较大,所以在同等质量的宝石中,红宝石、蓝宝石的体积显得略小。进行放大检查时,红宝石、蓝宝石中经常见包裹体,主要有色带、指纹状包裹体、生长纹、双晶纹等。

3. 水晶

水晶是二氧化硅晶体,内部可含丰富的包体,常见包体有负晶、流体包体及固态包体。水晶因含微量元素不同而产生不同颜色,通常根据颜色可分为水晶、紫晶、黄晶、烟晶、芙蓉石、双色水晶、绿水晶等;依据特殊光学效应,又可划分为星光水晶、石英猫眼;依据包体特征,又可分为发晶、水胆水晶等。

紫色的水晶叫紫晶,成分中含有微量的铁。通常紫色分布不均匀,常见色带。

黄晶是一种黄色的水晶。成分中含有微量的铁和结构水。常见的颜色有浅黄色、黄色、金黄色、褐黄色、橙黄色。黄晶一般具有较高的透明度。黄晶在自然界中产出较少,相对价值较高,常同紫晶晶簇伴生,市面上流行的黄晶多数是由紫晶加热处理而成或为合成黄晶。

烟晶是一种烟色至棕褐色水晶,成分中含微量的铝,也称茶晶。烟色分布不均匀,透明度从半透明至不透明,并含有丰富的气液包体,加热后可变成无色水晶。

芙蓉石是一种淡红色至蔷薇红色石英,也称蔷薇水晶。成分中含有微量的锰和钛。单晶体少见,通常为块状,透明度较低,多为云雾状或半透明状。芙蓉石的颜色不太稳定,加热可褪色,长时间日晒,颜色会变浅。

双色水晶是一种紫色和黄色共存一体的水晶,紫色和黄色分别占据晶块一部分,两种颜色的交界处有着清楚的界限,也叫紫黄晶。双色是由水晶内的双晶所致。

绿水晶是一种稀少的绿色至黄绿色的水晶,其颜色与二价铁有关。市场上几乎不存在天然产出的绿水晶,它们是紫水晶在加热成黄水晶过程中出现的一种中间产物。

当水晶中含有大量平行排列的纤维状包体时,其弧面形宝石表面可显示猫眼效应,称为石英猫眼。

当水晶中含有两组或两组以上定向排列的针状、纤维状包体时,其弧面形宝石表面可显示星光效应,一般为六射星光,也可有四射星光。

发晶是包含了不同种类针状矿石包体的天然水晶体。晶体中含有纤维状、草束状、针状、丝状、放射状的金红石、电气石、角闪石等固态包体,这些包体常呈细小的针状、纤维状定向排列,犹如发丝。由于包体颜色不同,所形成的发晶也不尽相同,常见颜色有黑色、金黄色、铜红色、银白色、绿色等。

水胆是透明水晶晶体内部含有的较大的液态包体。这种水晶的形成是由其晶体生长速度较快,与它混在一起的岩浆热液、水溶液等被包裹所致。

4. 翡翠

翡翠是以硬玉矿物为主的由多种细小矿物组成的矿物集合体。它的主要组成矿物是硬玉,次要矿物有绿辉石、钠铬辉石、钠长石、角闪石、透闪石、透辉石、霓石、霓辉石、沸石、铬铁矿、磁铁矿、褐铁矿、赤铁矿等。翡翠的颜色多种多样。翡翠常见的颜色有白色、无色,以及各种不同色调的绿色、红色、黄色、紫色、黑色、灰色等。

通常从颜色、透明度、结构、净度、切工、质量六个方面来评价翡翠。

1)颜色

颜色是翡翠质量评价的关键,通常从浓、阳、正、和、匀五个方面来进行翡翠颜色的评价。

(1)浓指翡翠颜色的饱和度要高。同一色调的饱和度越高颜色越深,饱和度越低颜色越浅,好的翡翠呈浓淡相宜的翠绿色。

(2)阳指翡翠颜色的亮度要高,颜色鲜艳的翡翠给人青春勃发的感觉。

(3)正指的是翡翠色调要纯正,不含其他色调。如纯正的绿色翡翠应为正绿色或翠绿色,紫色翡翠要求呈纯正的紫罗兰色。

(4)和指翡翠不同颜色分布的和谐与否。翡翠也会出现不同颜色的组合,如

"福禄寿"等。

(5) 匀指翡翠的颜色分布的均匀程度。翡翠是同种或不同种矿物的集合体,颜色多呈点状、丝状、团块状分布,很难达到均匀。所以翡翠颜色越均匀,价值越高。

2) 透明度

翡翠的透明度又称"水头"。绝大部分翡翠都是不透明至半透明,透明者极为罕见。翡翠越透明表明其品质越高。

3) 结构

翡翠的结构是指组成翡翠的矿物颗粒的大小、形态及颗粒间的结合方式,它直接影响翡翠的"水头"、光泽、硬度等。颗粒细小、结合紧密的翡翠显得温润细腻,属高档翡翠;反之,颗粒粗大、结构松散的翡翠,质量明显下降,属低档翡翠。

4) 净度

净度是指影响翡翠美观程度的因素,包括脏色和裂隙等。裂隙的存在影响翡翠的美观,净度越高翡翠的品质越高。

5) 加工

翡翠的加工是指翡翠的选材设计、切割比例、雕刻工艺及抛光工艺等几个方面。对于素面翡翠,要求切割比例适中、抛光优良;而对于玉雕制品的质量评价来说,工匠们的巧妙构思、娴熟技艺将起到决定性的作用。

6) 质量

翡翠制品的价值不受质量的严格限制,但是在颜色、质地、透明度及质量相同或相近的情况下,体积越大则价值越高。

5. 祖母绿

祖母绿常见的颜色有深绿色、蓝绿色、黄绿色,在同为绿色的单晶宝石中,祖母绿的绿色明亮、纯正、柔和,通常解理、裂隙比较发育。成品祖母绿常用无色油浸润,防止裂隙进一步扩大,以起到保护的作用,因此佩戴祖母绿时应远离高温。同时,祖母绿不能用超声波首饰清洗仪清洗。

祖母绿的品质主要取决于颜色、净度、质量大小。优质的祖母绿应为鲜艳纯正的翠绿色,不同程度的黄色、蓝色、灰色、褐色等杂色色调都会降低祖母绿的颜色质量,同时颜色需均匀。此外,由于生成环境的原因,祖母绿中内含物十分丰富,裂隙十分发育,因此高净度和大颗粒的祖母绿尤其珍贵。

6. 碧玺

碧玺的颜色比较丰富,有红碧玺、蓝碧玺、绿碧玺、端色碧玺、双色碧玺、三色碧玺等。一般来讲,碧玺的鉴别特征比较明显,不容易与其他宝石相混。碧玺有着浓郁的颜色、明显的多色性、较高的双折射率值（导致刻面棱重影现象明显），内部常见气液包体。且碧玺具有热电性，在受热或太阳的辐照下其表面可带有电荷，这些电荷对空气中的带异性电荷的灰尘具有吸附作用。因此，在店铺的陈列品中，碧玺表面往往比其他宝石吸附着更多的灰尘。

7. 软玉

软玉的主要组成矿物为透闪石，次要矿物有阳起石、透辉石、滑石、蛇纹石、绿泥石、绿帘石、镁橄榄石、白云石、石英、磁铁矿、黄铁矿、镁铁尖晶石、磷灰石、石榴石、金云母、铬尖晶石等。

软玉的颜色有白色、青色、灰色、浅至深的绿色、黄色至褐色、墨色等，油脂光泽，半透明至不透明。软玉矿物颗粒细小，结构致密均匀，所以软玉质地细腻、润泽且具有较高的韧性。

软玉主要用来做雕件和各种饰品，其质量主要从以下五方面来评价。

（1）颜色。要求柔和、纯正、均匀。软玉中历来以羊脂白玉最为珍贵，是极为稀少珍贵的软玉品种。

（2）质地。要求致密、细腻、坚硬、光洁，油润无暇，少有裂隙。

（3）光泽。品质好的软玉为油脂光泽。

（4）块度。块度越大越好，要求完整、无裂。同样颜色、质地和块度的软玉，带皮的籽料价值较高，其次为山流水和山料。

（5）净度。软玉要求瑕疵越少越好，瑕疵主要包括石花、黑点、裂隙等，这些都将影响软玉的品质。

8. 珍珠

珍珠除含有大量的无机成分外，还含有一定量的有机成分。不同种类和质量的珠母贝所养殖的珍珠，其化学成分的含量有差异。珍珠所含的无机成分质量分数占91%以上，主体是碳酸钙，此外还含有铜、锌、铁、镁等十多种微量元素；其有机成分的主体是壳角蛋白和各种色素等。珍珠的颜色是其体色、伴色和晕彩综合的颜色，颜色的描述以体色描述为主，伴色和晕彩描述为辅。珍珠的体色又称为本体颜色，也称背景色，是珍珠对白光选择性吸收所产生的颜色，取决于珍珠本身所含的各种色素和微量金属元素。伴色是漂浮在珍珠表面的一种或几种颜色，可能有的伴色包括白色、粉红色、玫瑰色、银白色或绿色等。晕彩是在珍珠表面或表面下层形成的可漂移的彩虹色，是加在其体色之上的，是从珍珠表面反射的光中观察到的，由珍珠次表面的内部珠层对光的反射、干涉等综合作用形成的特有色彩。晕彩可分为晕彩强、晕彩明显、有晕彩和无晕彩。

(1)根据珍珠的体色,可将珍珠颜色分为五个系列。

白色系列:纯白色、奶白色、银白色、瓷白色等。

红色系列:粉红色、浅玫瑰色、浅紫红色等。

黄色系列:淡黄色、米黄色、金黄色、橙黄色等。

黑色系列:黑色、蓝黑色、灰黑色、褐黑色、紫黑色、棕黑色、铁灰色等。

其他:紫色、褐色、青色、蓝色、棕色、紫红色、绿黄色、浅蓝色、绿色、古铜色等。

(2)珍珠可按珍珠的成因和水域进行分类,分为天然珍珠和养殖珍珠。

天然珍珠是天然贝、蚌类体内形成的珍珠,包括天然海水珠和天然淡水珠。天然海水珠即海珠,是在海洋贝体内产出的珍珠。天然淡水珠是由淡水中河蚌类体内产出的珍珠。

养殖珍珠是用人工培育的方法,在贝、蚌类体内形成的珍珠。按照产出水域特点分为海水养殖珍珠和淡水养殖珍珠两种。市面上出售的珍珠多以养殖珍珠为主。

(3)珍珠的质量从颜色、大小、形状、光泽、珠面质量及匹配性六个方面来评价。

颜色是珍珠质量评价的重要指标,但因各地民俗、种族、爱好、文化背景和市场需求的不同,对颜色的喜好也不尽相同。颜色的流行趋势也会影响不同颜色珍珠的价值。一般而言,珍珠颜色的价差不会太大,但某种颜色的市场需求和稀缺性会较大地影响它们的价格。即便如此,颜色价值的权重也只占珍珠价值的10%~20%。黑色珍珠在一段时间内市场价格也很高,其后市场极为流行,也刺激了生产商的大量养殖而使市场价格趋于平稳,价格最终受控于市场的供求关系。

珍珠的大小指单粒珍珠的尺寸。正圆形、圆形、近圆形养殖珍珠以最小直径来表示,其他形状的养殖珍珠以最大直径和最小直径来表示。珍珠的大小与价值关系极为密切,一般而言,越大越贵重,这是因为大颗粒的珍珠甚少,一般以小颗粒居多。中国旧有"七分珠,八分宝"的说法。一般珍珠按照直径大小可分为六级,直径在 2.0~5.0mm 之间,称厘珠;直径在 5.0~5.5mm 之间,称小珠;直径在 5.5~7.0mm 之间,称中珠;直径在 7.0~7.5mm 之间,称大珠;直径在 7.5~8.0mm 之间,称特大珠;直径在 8.0mm 以上称超特大珠。

珍珠的形状是指珍珠的外部形态,其形状以球形为主,如圆形、椭圆形、水滴形等。此外还有不规则状的异形珍珠。

珍珠的光泽是指珍珠表面反射光的强度及影像的清晰程度。珍珠光泽的产生是其多层结构对光的反射、折射和干涉等综合作用的结果。珍珠光泽的强弱主要决定于珍珠层的物相组成、有序度及厚度,也受贝体的健康与否和海水温度高低及珍珠生长时间长短、速度快慢等因素影响。一般而言,珍珠质层越多珠层越厚,文石排列有序度越高珍珠光泽越强,珍珠表面更显圆润,同时具有很好的弹性并且表面瑕疵很少。光泽差的珍珠看上去暗淡无光,伴色和晕彩不明显。光泽是决定珍珠质量的最重要因素之一。在珍珠评价中,光泽和珠面质量分别占有25%的权重,因此,光泽和珠面质量不仅是选购珍珠的主要参考因素,也是珍珠贸易中价格高低的决定因素。

珍珠的珠面质量评价要素为瑕疵和光洁度。珍珠的瑕疵是指导致珍珠表面不光滑、不美观的内外部缺陷,光洁度则指珍珠瑕疵多少的总程度。珍珠表面常见的瑕疵有腰线、隆起、凹陷、沟纹、破损、缺口、斑点、针夹、划痕、裂纹及珍珠症等。珍珠瑕疵的观察,一般以肉眼观察为主,无须借助任何放大设备。当对单粒珍珠进行瑕疵评定时,根据其数量、大小、种类和位置来分级。但如果对一串珍珠项链进行瑕疵评定时,则要进行综合考虑。

珍珠可以制成多种饰品,如项链、手链、耳饰、戒指等。若所鉴定的是由单粒珍珠做成的饰品,可就单粒珍珠来评定饰品等级。但如果所鉴定的是由多粒珍珠组成的饰品,则必须将整件饰品的珍珠作统一评定,而并非只取其中一颗来决定整件饰品珍珠的品质。对整件饰品珍珠来说,同样必须依照珍珠的光泽、光洁度、形状、颜色、大小来区分等级的高低,并且要求整件饰品的珍珠都整齐划一。

二、贵金属材料

(一)黄金

黄金具有极好的延展性和良好的导电及导热性能,其导电性仅次于银、铜,居第三位。黄金的密度为$19.32g/cm^3$,熔点为1 063℃。黄金的化学稳定性很强且挥发性很小。

黄金的成色是指金的纯度和含量。黄金成色有三种表示方法,即百分率法、成色法和K(Karat)数法。百分率法以百分比率(%)表示黄金的含量。成色法以千分率(‰)表示黄金的含量。K数法是国际上通用的计算方法,将黄金成色分为24等分,纯度最高者即纯金为24K,纯度最低者为1K。理论上纯金的纯度为100%,由24K=100%,可以算出1K=4.166 666 66%。由于1K的百分值是无限循环小数,因而世界上各个不同的国家和地区对1K的取值规定大小有别。

纯金指金的纯度为千分之千。实际上,要达到千分之千的纯金是不可能的。俗话说:"金无足赤,人无完人",绝对的纯金是不存在的。以目前世界最先进的技术水平所提炼,最纯的黄金也只能达到99.999 999%,是专门用作标准试剂的

"试剂金"。由于生产标准试剂级的高纯度黄金要耗费大量原料、燃料,因此它的售价要比国际贵金属交易市场上的足金高出许多倍,即使在特殊工业上,也不敢贸然使用试剂级黄金,以免陡增成本,造成浪费。再者,从首饰使用价值上来说,无任何实际的意义。与纯金相当的概念,还有足金、千足金、赤金、足赤金和24K金。目前,我国市场上用于制造纯金首饰的纯金成色有三种:①"四九金",成色为99.99%;②"三九金",成色为99.9%,俗称千足金;③"二九金",成色99%,俗称"九九金"或"足金"。纯金质地柔软,色泽金黄,永不褪色。用纯金制成的首饰具有体积小、价值高、便于携带等优点,具有较好的保值功能和装饰功能,历来为我国各民族人民所喜爱。但纯金质地柔软,易变形,不能镶嵌宝石和玉石,首饰款式也不易翻新,且易折断、易毛糙、易变形。

(二)K金

自古以来,金以其瑰丽的色彩成为重要的首饰和饰品材料。金的质地柔软,是所有金属中延展性最好的金属,因而金饰品在使用中易于变形、破断和划伤。人们对首饰和饰品的耐用性及色彩多样性的要求推动了对K金合金的开发。研制K金合金的目的在于提高金的强度和硬度等力学性能并满足用户的感官要求。所谓K金,就是在纯金中加入一定比例的Ag、Cu、Zn等金属元素构成的金合金,以增加黄金的强度与韧性。K金制是国际流行的黄金计量标准,K金的完整表示法为Karat gold。

K金制规定K金分为24种(1~24K),24K金为纯金,理论值为100%,相应地,1K=1/24≈4.16%,于是可以得出各种K金的理论成色。但是,作为首饰用K金,世界各国规定并采用的都不低于8K,见表1-4。

表1-4 K金的理论成色

K数	成色	K数	成色	K数	成色
24K	100%	18K	75%	12K	50%
22K	91.67%	16K	66.67%	10K	41.67%
20K	83.33%	14K	58.33%	8K	33.33%

不同成色的K金因其他金属加入的比例不同,在色调、硬度、延展性、熔点等方面也会有所不同。

(1)22K金硬度较纯金略高,可用于镶嵌较大的单粒宝石,但由于材料强度较弱,因此款式不宜复杂,在首饰中使用不广。

(2) 18K 金硬度适中,延展性较为理想,适宜镶嵌各种宝石,成品不易变形,是首饰业中使用最广的材料。

(3) 14K 金质地较硬,韧性很高,弹性较强,可以镶嵌各种宝石,成品装饰性好,价格适中。

(4) 9K 金硬度大,延展性较差,只适宜制作造型简单、镶嵌单粒宝石的首饰,价格便宜,多用于制作低档流行款式的首饰、奖章、奖牌等。

(5) 彩色 K 金又称彩色金,包括红色(含深红色、粉红色)、橙黄色、黄色、黄绿色、绿色、蓝色、紫色和白色、灰色、黑色等颜色的 K 金。彩色 K 金制作的过程和方法有合金冶炼、表面镀色、表面起锈、表面上釉等。

a. 红色 K 金。红色与浅红色 K 金可由 Au、Ag、Cu 三种元素按适当的比例混合冶炼而成。

b. 橙色 K 金。可由 Au、Ag、Cu 三种元素混合冶炼而成。

c. 黄色 K 金。包括深黄、金黄、淡黄等色,可由 Au、Ag、Cu 三元合金冶炼。

d. 白色 K 金可由 Au、Ag 二元合金,或 Au、Ag、Cu 三元合金,或 Au、Ag、Cu、Ni、Zn 多元合金冶炼而成,也可由 Au、Pd、Cu、Ni、Zn 等多元合金冶炼而成。

对于由 Au、Ag、Cu 三元合金构成的 K 金的冶炼,通常是按照熔点的高低,先将 Ag 溶化,再加入 Au 并溶化,然后加一些助溶剂以防止氧化,最后加入 Cu 一起溶化。当全部金属都熔融且混合均匀时,就可进行铸锭或烧铸。

此外,彩色 K 金的制作除了用合金冶炼的方法外,还可用电镀方法和化学方法。目前比较多见的彩色 K 金有相当一部分是采用电化学方法制成的,如意大利的二色金和三色金。电化学方法一般认为是在黄金表面电镀上其他金属的色泽,如镀上 Ni、Cr 时就显白色,镀上紫铜时就显紫色等。用电化学方法制成的彩色 K 金,其彩色一般仅附着于 K 金表面,而 K 金的内在色彩还是原来的金黄色。

(三) 铂金

铂金是一种非常稀少的贵金属,由于铂金的稀有性、稳定性和特殊性,以及银白色夺目的金属光泽,其价值比黄金还要昂贵。人类利用铂的历史非常久远,据考古发现,在距今 3 000 年前的古埃及时代,人们就已经开始利用铂金,但是从科学角度认识这种贵金属材料却只有 200 多年的历史。

在自然界铂经常与铂族元素共生,铂族元素包括钌(Ru)、锇(Os)、铑(Rh)、铱(Ir)、钯(Pd)、铂(Pt)六种元素。在铂族元素矿物中,这六种元素彼此之间通常构成范围广泛的类质同象现象,其中同时还有铁(Fe)、钴(Co)、镍(Ni)等类质同象混入物的出现。

铂族元素中的各个元素有着不同的性质,各自的用途也不尽相同。由于铂族元素发现较晚,装饰功能(作为首饰、工艺品)及货币功能远不及黄金和白银,但是铂族金属在现代科学、尖端技术领域得到了广泛的应用,被誉为"先驱材料"。由于铂金具有良好的化学稳定性以及灿烂的光泽,现在世界上每年要用几十吨铂金制作首饰,其中日本是世界上最喜爱铂金首饰的国家。

铂族金属中用作首饰的主要是铂金和钯金。铂金的密度是 21.35g/cm³,熔点是 1 773℃;钯金的密度是 12.02g/cm³,熔点是 1 552℃。铂金呈银白色,硬度为 4～4.5,化学性质稳定,不溶于强酸、强碱及常温下的王水[浓盐酸(HCl)和浓硝酸(HNO_3)按体积比 3∶1 组成的混合物],在空气中也不氧化,具极好的延展性,可拉成很细的丝,轧成很薄的铂箔。

钯金呈银白色,硬度为 4～4.5,化学性质稳定。因产量较铂金和黄金大,故价值低于铂金和黄金。通常与黄金一起炼制 K 白金,也可与铂金一起炼制成铂钯合金,也可单独用作首饰材料。国际上钯金首饰品的戳记是"Pd"或"palladium"字样,并以纯度千分数字表示,如 Pd990 表示纯度是 990%。钯金饰品的规格标识有 Pd999、Pd990 和 Pd950。

铂金首饰材料可分为以下两种。

(1)纯铂金。纯铂金是最高成色的铂金,又称高纯色铂金,理论成色应为 100%,但实际上纯铂金成色总是低于这一数值。纯铂金材料质地比较柔软,一般只能制作不镶珠宝玉石的纯铂金首饰,如戒指、项链、耳环等。如要镶嵌珠宝玉石,则需在纯铂金中加入少量银、钯、铜等其他金属来提高纯铂金的硬度和韧性。

(2)钯铂金。钯铂金是铂金与钯金的合金,这种合金主要由意大利和日本生产。日本市场上的铂金首饰,主要是铂、钯合金,18K 铂、钯合金中铂的含量为 75%。

(四)白银

银具有良好的延展性和可塑性,可拉制直径为 0.001mm 的细丝,具有良好的导电性,银的熔点为 960.5℃,密度为 10.49g/cm³。银的化学稳定性较黄金差,在空气中陈放时,其表面会逐渐生成黑色的膜,这是由于 Ag 在室温下也会与 H_2S 缓慢起作用所引起的。银的这一特性,严重地影响了它作为贵金属的价值。

(1)纯银。理论上含银量应为 100%,但像金无足赤一样,银亦无足银,以现今科学技术水平,要冶炼出成色为 100% 的银是很难的,只能是接近这一成色值。

(2)足银。成色一般为98%。过去常作为流通交易使用的标准银,可作为财产抵押、公司财团的银根、贸易交换的兑换物等。

纯银与足银由于成色较高,因此质地柔软,只能用于简单的、低档的不镶宝石首饰的制作。

(3)首饰银。在纯银或足银中加入少量的其他金属,一般是加入物理化学性质与银相似的铜元素,形成质地比较坚硬的首饰银。首饰银富有韧性,并保持了纯银的延展性,同时其中所含的铜能够抑制空气对银首饰的氧化作用。因此,首饰银的表面色泽较之纯银与足银更不易改变。首饰银又可分为98银、92.5银、80银。

98银,英文符号为980S(S为英文Silver的缩写),表示含银98%、含紫铜2%的首饰银。这种色银较之纯银和足银质地稍硬,多用于制作保值性首饰。

92.5银(Sterling银)表示含银92.5%、含紫铜7.5%的首饰银。这种银既有一定的硬度,又有一定的韧性,比较适宜制作戒指、项链、别针、发夹等首饰,而且利于镶嵌宝石。

80银(潮银)表示含银80%、含紫铜20%的首饰银。这种色银硬度大、弹性好,适宜制作手铃、领夹等首饰。

需要特别指出的是银的化学性质没有黄金稳定,尤其是暴露在空气中,因易氧化而失去光泽,所以在贵金属首饰中地位一直不高,属于低档贵金属首饰,比铂金和黄金的价值低。由于现代电镀技术的发展,通过在银首饰表面镀铑或镀金的方法,解决了银易氧化的问题,其中以镀铑的效果较好,不仅使首饰表面银光闪闪,色如"铂金",而且铑层坚硬耐磨,可防止酸、碱的腐蚀。

任务三 掌握珠宝首饰的佩戴指导

学习目标

通过本任务的学习,学习者能够根据顾客的不同体型、脸型、手型推荐不同款式的首饰。

知识要求

珠宝首饰销售人员都希望所有人能成为自己的顾客,但也知道这仅仅是希望而已。不过,让尽可能多的人成为自己的顾客并不是不可能的事。每个人对珠宝首饰都有着不同的消费需求,只要抓住了需求点,进行有效的说服,就不难成交。因此,作为珠宝首饰销售员,不仅仅要掌握珠宝首饰的相关知识,更要掌握如何搭配珠宝首饰的知识。

一、珠宝首饰与脸型的搭配

珠宝首饰销售人员只有熟练掌握各种脸型与珠宝首饰的搭配技巧才能准确而迅速地帮助顾客挑选出适合他们的首饰,令顾客满意,同时也使自己的销售额得到提高。

1. 鹅蛋脸

鹅蛋脸即椭圆形脸。这类顾客可选佩的首饰较多,但选择的首饰长度要适中,过长、过短均不适宜。如顾客留长发,可推荐佩戴红宝石荡环,这样会给人一种妩媚柔和的感觉;如留短发,可推荐佩戴小翡翠耳插,这样会显得十分高雅。

2. 瓜子脸

这种脸型的顾客适宜佩戴的首饰较多,如可佩戴大朵状耳插或垂饰简练的荡环,佩戴的项链应细而短,这样会让下颌显得宽些,从而避免产生脸部被拉长的感觉;适合佩戴水滴形等形状的耳环和耳坠,也适合上小下大的形状,但角度不可以太大、太夸张,否则会减弱小巧玲珑的感觉。

3. 长方脸

这种脸型的顾客可佩戴一些适当增加脸部横中线宽度的饰物,如选戴一些面积大且光彩夺目的镶珠宝耳插或短而无坠的圆形耳环等,但不宜佩戴细长项链。女性顾客可选择包耳型的耳环及有造型设计的项链,例如一些长度不低于锁骨的龙翠项链、珍珠项链等,但不要再加挂件。

4. 方形脸

这种脸型的顾客可佩戴一些竖向长于横向的弧形耳环,这将起到拉长脸型的视觉效果,例如新月形、叶子形或悬吊式耳饰等。也可在胸前佩戴"V"形项链,将起到延伸脸的下部空间的作用。但是,这类顾客不宜佩戴粗短项链和等内角的几何图案造型的饰物,也不宜佩戴圆形和方形耳环,因为圆形和方形并置,在对比之下,方形更方,圆形更圆。

5. 圆形脸

这种脸型的顾客搭配首饰的原则是尽量使两颊变窄,上下延长,可以选择佩戴一些细长的项链来拉长脸型,如佩戴"V"形项链。女性适合戴垂挂式的耳环及项链,最好不要选粗圆项链,可以考虑配链坠,佩戴耳饰时切忌选择过大的。

6. 三角脸

这种脸型的顾客选择首饰时，难度较大。一般选择的原则是让脸上部的宽度显得大些，可选择粗短项链，并配链坠，项链宜粗不宜细，宜短不宜长，因为长项链在视觉上可以起到延长下颌使其变窄的效果。选择佩戴耳部饰物时应该选择小的，不宜选择大的。

二、珠宝首饰与体型的搭配

1. 丰腴型

此类顾客的特点是身材较短、丰满、脖子显短，佩戴首饰时可选择色调暗淡、造型简洁的戒指、手镯、耳环等。宜选大而多姿的、造型长而细的项链挂坠，不宜选择粗而短的项链，因为这会让脖子显得更为粗短。顾客在佩戴手镯或臂环时，不宜选窄而细的，戒指不宜选戴宽边的，因为丰腴型顾客的手指一般来说比较扁平，宽边的戒指会使手指显得更臃肿。

2. 清瘦型

此类顾客的特点是瘦弱、单薄、脖子细长。细小而简洁的项链与挂坠，非常适合这类顾客，可以使其脖子显得短些。也可以选择比较华丽一些的耳环、戒指、手镯等，如双耳佩戴垂饰面积稍大的荡环、腕部佩戴稍粗的手镯，可使双耳、双臂和手夺人眼目，给人不太清瘦的感觉。

3. 偏矮型

此类顾客的特点是体形矮小，可以选择佩戴以柔克刚、增强纤柔感的小巧首饰。项链适宜选择细长简洁的，最好与淡雅的珍珠挂坠相配。耳环、戒指宜选择粗细得当的。

4. 偏高型

此类顾客的特点是体格健壮、身材高大，所以可以选择佩戴突出横向减小纵向、造型厚实、质地凝重的首饰。粗而长的项链、造型大而丰富的挂坠，主次搭配分明、端庄大方的镶嵌珠宝的戒指和耳环很适合这类顾客。女性顾客可选择超长项链。

三、珠宝首饰与发型的搭配

（1）披肩长发的顾客可以选择华丽的、较大的耳饰，有坠子的耳扣，以及一些款式上华丽、具有抛光效果的首饰，这样首饰也能在飘逸的长发中若隐若现，显示出动人的魅力。耳饰若太小、太不显眼，则起不到装饰的效果。

（2）短发的顾客脸型轮廓明显，故佩戴首饰时首先要考虑脸型的因素，其次是首饰佩戴不能与发型特征相冲突。

（3）发质较好的顾客可佩戴色彩艳丽大方的宝石耳环和吊坠。发质不好的顾客可选择一些有机生物合成或有滋润感的宝石，如松石、玉石、珍珠等。

四、珠宝首饰与手型、脚型搭配

1. 戒指与手型

丰满修长的手指适合佩戴各种款式的戒指。

丰满但短小的手指不宜佩戴指圈太宽或太窄的戒指。如果要戴宝石戒指，可选择镶嵌椭圆形刻面和弧面宝石的戒指，或选择一些镶嵌颜色鲜艳浓烈的宝石的戒指，如镶嵌蓝宝石、红宝石的戒指以及翡翠戒指。

瘦长的手指不宜选择宽边的或造型棱角分明的戒指，否则会使手指显得干枯、毫无生气。可以选择一些镶嵌小颗粒宝石的款式，如镶小颗好色好种翡翠的戒指，尽管价格不高，也能给人一种细雨滋润、春意盎然的感觉，使纤瘦的手指好像立刻细腻起来。

2. 手镯与手型

手臂圆润小巧的女性可以佩戴一些中等条子（手镯横断面的宽度）的圆形玉镯，最好是种质通透的翡翠手镯。

手臂粗大的女性可以佩戴条子稍大一些的"福"镯，即半圆形、内壁为平弧面的手镯。镶嵌钻石的手镯宜选择较细条子、圆弧图案设计的款式，让人感到更加富贵华丽。

手臂修长的女性适宜同时戴两三个细条子的金属手镯。年轻的女性还可以选择目前逐渐流行的，款式较为夸张的彩色K金手镯及景泰蓝手镯。至于镶钻手镯，则可以选择条子稍粗、图案为棱角几何的设计款式，这样会令苗条的女性更显得风情万种。

3. 手链与手型

手链与手型的关系是个比例关系。现在还流行在手链上不经意地系上一些小吊坠装饰，如小玉扣等，这既丰富了手型又增加了动感。丰满圆润的手腕配上较宽的手链会产生一种雍容华贵的效果。手链还包括宝石珠链，瘦小的手腕宜配珠与链交错的细珠子手链，丰润的手腕则适宜戴整串的珠链。

4. 脚链与脚型

脚链不能选择太粗的款式，否则就会像镣铐一样。脚链也只眷顾有修长美腿的女士，腿短而粗或骨骼突出宽大的女士则不宜佩戴。

五、珠宝首饰与年龄搭配

年轻人可选择佩戴一些轻松、简单而又有个性的首饰。

中年人可以选择佩戴体积稍大、设计上略显成熟的首饰。

年纪偏大的顾客佩戴大颗粒的钻石或珍珠，相得益彰。

六、根据服装搭配首饰

珠宝首饰的颜色若与服装颜色相似，则可形成协调之美。例如，红色服装配红宝石首饰，紫色服装配蓝色宝石首饰（蓝色碧玺），绿色晚礼服配翡翠首饰，蓝色服装配绿蓝色松石或青金石首饰，效果一定不错。

穿中式服装的顾客可选择传统款式的首饰，而穿西式服饰的顾客则可选择现代风格的首饰。

珠宝首饰的佩戴里有几种经典搭配原则，而经典一般是不会随时间的流逝而消失的。如果顾客穿的是西式晚礼服，建议佩戴成套的钻石首饰，这样会显得更加奢华高贵。

珠宝首饰与深色的礼服或晚装搭配时，可选择色彩鲜艳夺目的贵重宝石首饰，如镶钻石胸针、镶钻石耳环、红宝石吊坠、绿色翡翠戒指和珍珠项链等；与浅色系列礼服或晚装搭配时，可选择颜色较浅或工艺精湛、光泽明亮、动感强烈的珠宝首饰，如一些浅色的绿翡翠、紫翡翠、蓝宝石、海蓝宝石等首饰。

偏爱休闲服装的顾客选择首饰时，建议选择一些轻松简洁的、不必太贵重的首饰，数量不必太多，如一些小克拉的钻戒、小颗红蓝宝石吊坠等，也可以选择一些仿宝石首饰和K金的金饰、银饰等。

珠宝首饰一般不与运动装搭配，但是也可推荐顾客佩戴一些简单的、动感的、青春活泼的首饰，如一只简单的戒指、一条普通的项链加上小动物造型或一个卡通造型的吊坠，或是一些色彩轻松明丽的天然彩色晶石项链、手链。

七、珠宝首饰的协调美

1. 款式的协调

一只款式传统的足金龙凤手镯配一对抽象题材的几何图案造型的耳环会显得不伦不类。作为珠宝首饰销售人员，要学会分辨各种珠宝首饰的款式和风格。对于款式明显不同的两件首饰，应大胆地进行取舍，不能生拉硬配地进行推介，否则，会不协调。

2. 颜色的协调

一般来说，身上佩戴的珠宝首饰的颜色不宜太多，否则容易给人花里胡哨的杂乱感。帮助顾客挑选首饰时最好先定一个主题，或者简单地说，先定一个基调，再围绕这个基调去选择佩戴，当然这里的前提是手头的首饰品种比较多。导购员在推荐时应考虑顾客原有首饰或服装的色调，有针对性地进行推荐。

3. 材质的协调

珠宝首饰材质的不同很容易造成颜色的不同和光泽的不同。材质差的首饰，有时会破坏首饰独立的佩戴效果，更不用说达到美的目的。

八、珠宝首饰与季节

1. 春天佩饰

在春天，可以推介女性顾客选择一些较长的项链，珠链戴在毛衣或衬衣的外面，再披一件外套，挡风保暖之余，让魅力跃然跳动在胸前。另外，春天是花季，许多人会选择钻戒作为定情信物，因此，不妨向顾客大力推荐与诞生石和婚姻有关的首饰。

2. 夏天佩饰

夏天是销售吊坠、耳饰和项链的最佳季节。在夏天，推介女性顾客佩戴手镯、手链，会显得清爽大方。除此之外，还可以向她们推荐一条轻细的项链或一对简单的耳环。但要注意，夏天不适宜佩戴那些图案复杂的首饰。

3. 秋天佩饰

秋天是销售各种珠宝首饰的黄金季节。针对秋天自然界色彩的变化以及人们服装的特点，可以推荐客户选择佩戴黄金、宝石类的首饰，或把鲜艳夺目的镶钻胸针别在套裙的衣领上。

4. 冬天佩饰

在冬天，女性朋友们既要尽量展示自己温情的一面，又要想办法将臃肿的穿着进行"视觉瘦身"。红宝石戒指是不是能让人感到丝丝暖意涌入心头呢？在大衣上别一枚别致的白金胸针，立即会闪耀出耀眼的光芒，令人精神百倍。这个季节应该是那些大件首饰登台表演的时候，大颗的宝石、艳丽的色彩、夸张的款式会给人以无穷的暖意和无限的动力，因此可以大胆推荐顾客购买此类首饰。反之，那些夏天佩戴的精致玲珑的首饰，在这个季节则会显得不够大气。

任务四 掌握珠宝首饰的保养方法

学习目标

通过本任务的学习,学习者能够向顾客解说不同类型首饰的保养事项。

知识要求

一、珠宝首饰保养的一般原则

1. 轻拿轻放,避免受到碰撞与摩擦

纯金、K金、铂金、钯金或白银首饰,虽然掉落到地上或受到碰撞通常不会破裂断开,但也要养成轻拿轻放的习惯。有时受到碰撞虽未破裂断开,但在表面会留下受碰撞的痕迹。如果是镶嵌了宝石的首饰,尽管一般宝石都有较高的硬度,不易被磨损或破坏,但也要尽量避免受撞击和摩擦,以防破裂或表面失去光泽。

2. 避免高温或与酸、碱溶液接触

镶嵌在首饰上的许多宝石,其物理化学性质并不十分稳定,受到高温或在阳光下长时间的暴晒,容易褪色,有的与酸、碱溶液接触也会引起褪色。

3. 经常检查,防止宝石脱落

镶嵌在各种不同贵金属材料首饰上的宝石,由于使用不慎等各种原因,会导致镶嵌的宝石出现松动的现象,因此需要经常检查,发现问题及时处理。

4. 及时取下收藏

参加生产劳动、家务劳动、体育运动时,应取下珠宝首饰,以免宝石、金银首饰受到损伤(如撞击、磨损、宝石脱落,或受洗涤剂中化学物质的侵蚀等)。

5. 及时清洗

珠宝首饰暂时不使用时,一定要及时清洗后再保存。对于黄金、K金、铂金、钯等金属材料的首饰,其化学性质稳定,使用者可以在家中进行日常的清洁与保养。首先用性质温和的肥皂水浸泡,用软毛刷轻刷;然后用清水漂洗,用软羊皮擦拭;最后放在通风处晾干,首饰便可恢复其光亮的本来面目。

对于银首饰,由于银的化学性质比较活泼,清洁时需谨慎,传统首饰行业多用氯水溶液清洗银饰。对于项链、耳环等有开关或有弹簧装置的首饰,也应适时清洗并加润滑油,以保持洁净与灵活性。

首饰清洗晾干后,应放入首饰盒内保存。放置时,应将宝石朝上,且不与其他物品接触。如果没有首饰盒,可用干净的软布将它包裹起来保存。在此需要特别提醒的是,不要把多件首饰一起放在一个首饰盒内,也不要用一块软布包裹多件首饰,以免首饰之间互相磨损。

二、某些镶嵌宝石首饰保养的特殊要求

对于镶宝首饰,由于不同的宝石有不同的性质,故在保养方面还有一些特殊的要求和注意事项。

1. 钻石、红宝石、蓝宝石、碧玺等镶宝首饰

钻石虽然坚硬,但是有解理,受到碰撞或敲击会有开裂或在内部产生裂纹的风险。红宝石、蓝宝石和碧玺虽然没有解理,硬度也不低,仍然要避免重力的撞击,因为撞击有可能会损坏首饰。

2. 翡翠首饰

虽然翡翠质地坚硬,且具有一定的韧性,但经过加工后的翡翠饰品,有时较薄,受到撞击也会出现破损。

3. 祖母绿首饰

祖母绿宝石虽然硬度较大,但具脆性,且大多数祖母绿中或多或少都包含一些裂隙或裂纹,所以遇到撞击很容易破裂。此外,祖母绿怕高温,在高温下易炸裂。严禁同时将祖母绿首饰放入超声波首饰清洗仪中清洗。

4. 欧泊首饰

欧泊的硬度相对较低,应避免与其他物品摩擦。欧泊含有水分,应避免高温,否则因蒸发失去水分后轻则失去透明度,重则开裂。此外,欧泊不耐酸,所以佩戴欧泊首饰时应避开高温和酸性物质。收藏欧泊首饰时,也应注意环境不能太干燥,否则将造成脱水而使欧泊产生裂纹,甚至破裂。为了防止脱水,在干燥季节,隔一定时间宜将欧泊首饰放在清水中浸泡一次。在欧泊首饰柜台中也可放杯清水,增加空气中的湿度。

5. 紫晶首饰

紫晶的颜色在高温、暴晒条件下不稳定,因此,在使用过程中,应尽量避免高温或暴晒。

6. 孔雀石和绿松石首饰

孔雀石和绿松石的硬度相对较小，较易磨损。两者的化学性质不稳定，遇酸会受腐蚀溶解。绿松石在高温下易变色。

7. 珍珠和珊瑚首饰

珍珠和珊瑚都是有机质宝石，硬度很低，极易因摩擦而使宝石表面失去光泽。两者的成分都是碳酸钙，遇酸会受腐蚀而溶解。夏日人体易出汗，汗水也会使珍珠和珊瑚的表面受到损害而失去光泽。化妆品中的粉剂、香水和发乳等，也会使珍珠逐渐失色。这类首饰在佩戴后应用清水清洁，软布擦干后单独存放。

8. 贵金属首饰

K金和白银首饰应避免与酸、碱等化学物质接触，切忌与体温剂、红汞（俗称红药水）等含水银的物品放在一起，因为一旦金银首饰与水银接触，便会立刻起化学反应，使金银首饰变色。

三、镶宝首饰的清洗

性质稳定的宝石（如钻石、红宝石、蓝宝石）抗腐蚀能力强，一般不怕酸、碱等其他化学物质侵蚀，并且硬度较高。清洗这类宝石首饰时，可放入50℃左右的温水中，加入少量中性清洁精，浸泡几分钟，然后用软刷刷洗，再用清水冲洗干净。

欧泊硬度低，有一定的空隙和微空隙，所以通常是在温水中用柔软的软刷擦拭即可，不能将它放置在热的溶液中清洗。

珍珠、珊瑚的主要成分是碳酸钙，极易被酸、碱性物质腐蚀，甚至是弱酸、弱碱的溶液也会对它们造成伤害，可用纯净水浸泡清洗珍珠、珊瑚饰品。自来水中含有漂白剂（次氯酸），应避免使用。

★ 课后训练

请解答顾客提出的下列问题。

1. 我要买南非产的钻石，其他产地的钻石我不要。
2. 我看其他品牌钻石VVS级别的很多，你们品牌就很少。
3. 在珠宝柜台上看的钻石很闪很漂亮，为什么回到家里就不那么好看了？
4. 你们家卖的翡翠首饰会不会是假的啊？
5. 买什么样的翡翠首饰才有保值价值？
6. 18K金首饰戴久了会变色，18K金首饰不值钱。
7. 彩金与K金有什么不同？它是什么样的材质？

8. 银饰品为什么会变黑？
9. 什么样的珍珠价值高？
10. 这颗红宝石的杂质怎么那么多啊？
11. 珍珠首饰应该如何保养？
12. 祖母绿首饰应该如何保养？

单元二　珠宝首饰销售岗位

任务一　理解珠宝首饰销售岗位的职业要求

学习目标

通过本任务的学习,学习者能够描述珠宝销售岗位的具体要求。

知识要求

一、珠宝首饰销售人员的基本要求

1. 素质要求

珠宝首饰销售人员除了销售珠宝货品,还应开拓市场,将优质的产品与良好的服务给予顾客。优秀的珠宝首饰销售人员能够想方设法帮助顾客认识货品,引起顾客对货品的注意,并使他们深信购买该货品会得到某种满足从而激发购买欲望,促成购买行为。优秀的珠宝首饰销售人员应具备以下基本素质。

(1)品行端正、诚实、正直。店铺是赢得顾客好感的重要阵地,珠宝首饰销售人员应自洁自律,自觉按照社会公共准则和职业道德要求不断完善自我,表里如一。

(2)树立正确的服务意识。珠宝首饰销售人员应通过自己的细心观察,以自己的不懈努力,在第一线为顾客提供最优质服务,树立"一切以顾客为中心"的服务意识,能设身处地地站在顾客的立场为顾客着想,热情适度,耐心周到,真诚服务,一视同仁。

(3)敬业乐业的精神。珠宝首饰销售人员对店铺的工作,如任务、目标、岗位职责等要有全面的认识,对本职工作要有责任心,要自觉维护店铺利益。在服从指挥的前提下,珠宝首饰销售人员要有一定的灵活性和创造性,对顾客的要求要敏感、反应快,及时上报或向同事准确传达信息。遇到突发事件,要保持冷静和

理智,使事件得以妥善解决。

(4)丰富的货品知识。如何让顾客信服并购买货品是珠宝首饰销售人员应时刻注意的问题。珠宝首饰销售人员对所销售的货品知识,应了如指掌,这样才能在向顾客介绍引导中做到全面准确,获得顾客的完全信任。这就要求珠宝首饰销售人员平时要注意积累货品知识,比如货品的成色、特点、款式等,并注意积累经验,具备相应的技巧、技能。

(5)较强的语言表达能力。珠宝首饰销售人员大多数时间花在与顾客的沟通上,因此运用语言的机会相对来说比较多。珠宝首饰销售人员在语言表达上要做到普通话标准,发音准确,音调适中,表达流畅,用词准确简洁,便于理解和进一步交流反馈。在接待顾客时,语言不能生硬呆板,不能只局限于机械式的回应,应富有幽默感。

(6)精神饱满,举止得体。珠宝首饰销售人员因为工作的需要,要练好站立服务的基本功。在工作岗位上,要注重仪容仪表,按照规定着装,保证服装的整齐、整洁和仪态的规范与优雅。整体形象要有一种清新、大方和亲切的感觉。

2. 职业道德要求

珠宝首饰销售人员在服务的过程中,应遵循以下几点道德要求。

(1)诚信。珠宝首饰销售人员最基本的优良品格是诚实守信和言行一致,这是与顾客建立长期稳定关系的基础。在当今竞争日益激烈的市场条件下,诚实守信已成为一种竞争的手段,它综合反映出店铺及其员工的素质和道德水平。

(2)实事求是。珠宝首饰销售人员在货品销售过程中应向顾客讲实话,如实地为顾客介绍货品的优点和不足,向顾客提供真实有效并能满足其需要的货品,千方百计地为顾客排忧解难,以赢得顾客的信赖,提高店铺声誉。

(3)公平待客。珠宝首饰销售人员对待顾客必须公平、公道、公正,不论男女老幼、贫富尊卑,都有充分的权利享有他们应得到的服务,任何以次充好、弄虚作假、欺弱怕强、欺小骗老的行为都是违反公平原则的,也是不道德的。

(4)保守商业秘密。现代市场经济中,竞争异常激烈,信息战就是其中的重要方面之一。许多不法商家为了在竞争中取胜,总是想方设法刺探竞争对手的信息,每一名珠宝首饰销售人员都有义务和责任保守商业秘密。

3. 了解珠宝首饰基本知识

珠宝首饰是一种不同于其他商品的特殊货品,它具有多种特性,既包含了作为货品物质的方面,又包含了人们对珠宝首饰的精神寄托,是有形货品和无形货品的统一。珠宝还具有特殊的保值、增值功能。要做好珠宝首饰营销服务工作,首先要对珠宝玉石知识、贵金属材料知识有一定的了解。

4. 了解营销知识

珠宝首饰销售人员直接与顾客打交道，每一位顾客在选购货品时在言行或态度上各有其特点，如何在交易的瞬间洞察顾客的心态和需求，并立即做出判断，进而采取有效的措施，这就需要珠宝首饰销售人员具备一定素质的同时，也应具备一定的营销基本知识。具体包括以下方面。

(1) 了解店铺情况。珠宝首饰销售人员要充分了解店铺的历史状况，如获得过的荣誉、售后服务承诺的内容等，更重要的是要了解店铺现行的销售政策和促销方案。

(2) 了解行业的常用术语。珠宝首饰销售人员要熟知行业相关的一些常用术语，如 POP 广告[①]等。

(3) 了解货品知识。珠宝首饰销售人员要了解货品名称、种类、价格、材质、流行性、推广要点、维护方法等，以应对顾客的咨询。

(4) 了解竞争对手的货品。珠宝首饰销售人员应利用闲暇时间，随时注意同行业竞争对手的营销策略，如促销方式、价格变动、新品上市等，及时向店长反馈。

(5) 了解顾客特性及购买心理。珠宝首饰销售人员只有充分了解不同顾客的购买特性与消费心理，了解顾客的个性化、差别化的消费需求，才能更好地提供购买建议，提供更好的服务。

(6) 掌握销售服务技巧。珠宝首饰销售人员应努力学习并灵活掌握接待顾客时的基本用语、应对技巧以及处理顾客投诉的方法等。

(7) 掌握货品陈列与展示知识。珠宝首饰销售人员必须懂得运用构图、灯光等来配合货品的陈列展示，加强货品的美感和质感，达到刺激顾客购买欲望的目的。

二、珠宝首饰销售人员的工作职责

珠宝首饰销售人员应尽快熟悉自己的工作职责并努力遵守。

(1) 礼貌待客，优质服务。在接待顾客时，珠宝首饰销售人员应该主动热情，耐心周到，使顾客感到宾至如归，做好顾客购买珠宝的好参谋。

(2) 有责任心，知识全面。珠宝首饰销售人员要对所经营的珠宝、助销工具、销货款、包装及其他物品负责。要熟悉所销售珠宝商品的品种、珠宝鉴定证书、数量、价格、质量、佩戴和养护知识等。

---

① POP 广告是指在各种营业现场设置的各种广告形式。

(3)及时填写报表。珠宝首饰销售人员要按规定统计当日销售报表,并交接好当班货款,做到当日事当日清。完成日、周、月报表,并及时上报主管。

(4)严格遵守点货制度。

(5)做好商品陈列。珠宝首饰销售人员要做好珠宝商品的陈列工作,保持店内洁净,做好安全工作。

(6)激发顾客购买欲望。珠宝首饰销售人员要运用各种促销技巧,揣摩顾客购买心理,激发顾客的购买欲望,以提高顾客的购买力。

三、珠宝首饰销售人员的角色定位

珠宝首饰销售人员是店内最前线的人员,直接与顾客接触,进行销售工作,在整个珠宝店的销售中起着重要的作用。珠宝首饰销售人员需要正确认识自己的职业要求,端正工作态度,以积极的心态来为成为一名优秀的珠宝首饰销售人员做好准备。

珠宝店的销售主要是通过销售人员来实现的,这个岗位是珠宝店的形象,也是提高顾客满意度的推动者。在商业竞争日益激烈的今天,珠宝店要想在销售中取得好成绩,除了要把服务注入到商品中,还要通过各种途径将服务传递给目标顾客。这就要求珠宝店的销售人员真诚地对待每一位顾客,同时重视团队合作,向顾客提供最佳的珠宝服务体验。在销售服务中,要清楚珠宝首饰销售人员在销售中所扮演的珠宝企业和品牌的形象代言人的角色。

珠宝首饰销售人员处于珠宝销售的第一线。当顾客进入珠宝店后,首先接触到的是销售人员。珠宝首饰销售人员的外在形象、提供给顾客的服务和给顾客留下的印象可以直接折射出品牌的文化、内涵、实力,销售人员的一举一动、一言一行都代表着企业(品牌)的形象。这就要求珠宝首饰销售人员都要有发自内心的真诚,向顾客展示能体现企业和商品特色的最佳形象和服务。

1. 顾客的参谋

如果想成为一名优秀的珠宝首饰销售人员,必须先了解顾客的购买需要(当顾客不清楚自己的需要时,应该帮助顾客明确),然后从这个需要出发,为顾客推荐合适的产品,并促使其做出最佳选择。这样做既满足了顾客的需求,又实现了商品的销售。一个优秀的销售人员是顾客选购珠宝首饰的好参谋。

2. 企业的信息员

在珠宝商品销售的众多环节中,珠宝首饰销售人员是企业中最接近顾客的一环。一个经验丰富的销售人员最能了解顾客对产品、包装、价格、宣传、服务等方面的需求。珠宝企业获得这样有价值的信息后才能在激烈的市场竞争中真正满足顾客的需求。所以,珠宝首饰销售人员在日常工作中收集的信息可以帮助珠宝企业为顾客提供最佳服务。

3. 学习者

珠宝首饰销售人员不仅要对顾客购买心理进行研究,还要注意在接待顾客时的方法与技巧的运用。在整个接待顾客的过程中都需要珠宝首饰销售人员不断地总结经验与学习。一个成功的销售人员必然是不断总结与学习的。在销售中了解和分析顾客的购买心理是成功交易的关键。

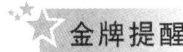

提升业务能力的 13 种方法

(1)根据销售的实际情况,设想顾客可能会提出的各种问题和可能会遇到的各种困难,并针对每个问题和困难设计出不同的解决方案。

(2)保持良好的精神和身体状态,面对突发事件时,要能及时恰当地加以应对。

(3)在日常的销售中要有意识地培养做事果断的作风,处理各种事件时要当机立断,避免拖拖沓沓、优柔寡断。

(4)善于总结自己及其他珠宝首饰销售人员的销售经验和教训,并从中找出适合自己特点的规律和技巧。

(5)有良好的法律意识和自我控制能力。面对贵重珠宝首饰和大量资金,要经得住物欲的诱惑,不能做违纪违法的事情。

(6)具备承受各种压力的能力,能控制自己的意志,不为失败所困。

(7)有明确的目标,这可以使珠宝首饰销售人员坚定克服困难、接近目标的决心和毅力。

(8)根据销售目标,制订每天、每周、每月的销售计划,并严格按照计划执行。

(9)严格遵守公司的制度和纪律,并通过这些要求来培养自我控制的能力。

(10)善于模仿好的销售语言与沟通技巧并认真总结以前的经验教训,不断改进和完善自己在销售过程中的语言沟通能力。

(11)不断地学习各种知识,以提高自身的文化素质和文学修养。

(12)随时注意观察周围一些看起来毫无关系的细枝末节,注意周围人和事物的差异,并根据这些差异及时地调整销售策略,最终达到销售的目的。

(13)掌握科学的观察方式,观察视线要遵循先上后下、先表后里、先局部后全部、先个别后整体等观察原则。观察时,珠宝首饰销售人员的注意力不能均匀分布,要有重点,同时视觉和听觉要密切配合,观察与判断也要有机地结合起来。

任务二　理解珠宝首饰销售岗位职业道德的内容

学习目标

通过本任务的学习,学习者能够:
1. 说出珠宝首饰销售岗位职业道德的内容。
2. 判断违反职业道德的行为。

知识内容

一、职业道德概述

1. 什么是道德

道德,是我们日常生活中很熟悉的一个概念。道德的产生和发展是和人类社会以及每个人的生存发展密切相关的。原始社会早期,人们为了生存,必须共同生活、共同打猎、共同抵御自然灾害和氏族部落的侵略,便产生了道德的萌芽。随着人类历史的不断发展,也就先后产生了奴隶社会的道德、封建社会的道德和资本主义社会的道德。到了社会主义社会,社会经济关系和人们之间的利益关系与过去社会完全不同了,因此也就相应产生了与阶级社会性质根本不同的社会主义道德。可见,道德是随社会经济的不断发展变化而不断发展变化的,没有永恒不变的抽象的道德。

道德是调整人们之间以及个人与社会之间关系的行为规范的总和。比如社会主义社会在处理公共道德关系时,要求人们文明礼貌、助人为乐、爱护公物、遵纪守法、保护环境;在处理家庭关系时,要求人们尊老爱幼、男女平等、夫妻和睦、勤俭持家、邻里团结,等等。从某种意义上说,道德就是讲人的行为"应该怎样"和"不应该怎样"的问题。

2. 什么是职业道德

1)职业道德的内涵

职业道德是指从事一定职业的人在特定的工作和劳动中应该遵循的特定的行为规范和标准的总和。它涵盖了从业人员与服务对象、职业与职工、职业与职业之间的关系。它既是对从业人员在职业活动中的行为要求,又是本行业对社会所承担的职业道德责任和义务。例如:教师要遵守"教书育人、为人师表"的职业道德,医生要遵守"救死扶伤、治病救人"的职业道德,财务人员要遵守"遵纪守法、勤俭理财"的职业道德,销售人员要遵守"货真价实、买卖公平、勤政廉洁"的职业道德。

2)职业道德的特点

职业道德的特点有以下三点。

(1)历史性与技术性。职业道德的历史性就是整个社会道德历史性的典型表现。职业道德产生的历史阶段,应该是奴隶社会时期,因为只有到了奴隶社会才真正出现了比较稳定和细致的社会分工。职业道德的技术性是指职业道德与科学的发展程度紧密相关。比如,资本主义社会所经历的手工业阶段、蒸汽机动力阶段、电器机械阶段和现在以计算机应用为中心的信息阶段,对职业道德产生了巨大的影响。不同的历史发展阶段、不同的经济发展时期,就有与之相应的不同的职业道德标准。所以说,在历史性特点的基础上,技术性特点也是职业道德的一个重要特点,两者相联系,形成职业道德独特的风貌。

(2)实践性与规范性。职业道德的实践性主要表现在,它与其所从事的职业的内容是密不可分的,离开具体的职业就没有职业道德可言。从职业道德的应用角度来考虑,如果没有置身于职业实践当中,职业道德的规范和内容就无从说起。比如,虽然非珠宝首饰销售人员可以对销售人员的职业道德做出客观的评价,但是他们却无法切身实践珠宝首饰销售人员的职业道德。职业道德既受一般的社会关系的制约,又与具体的职业相联系,所以职业道德具有行业规范性。这些道德内容一般通过合同、店规、厂纪或从业人员守则等载体体现出来。

(3)多样性和稳定性。社会分工的多样性,决定了职业道德的多样性。可以说,有多少种分工就有多少种职业道德。虽然道德的基础精神在最高的理论层次上可以是相同的,但不同的职业有不同的职业道德标准。所谓"不唯上,不唯书,只唯实",这就是说职业道德在不同职业之间有相通的时代精神,却又有互不相关的具体内容和要求。任何职业都有其本身历史的连续性。一种职业的社会地位、社会职责、服务对象、服务手段和方式等,在不同时期有其共性,这就是职业道德的相对稳定性。

二、有"道"、有"德"乃做人做事的根本

1. 道德是做人的根本

人生在世,最重要的两件事:一是学做人,二是学做事。在当前现实生活中许多人比较注重学做事,而对学做人则有所忽视。实际上,做好了"事",并不等于做好了"人"。在事业上一时有所成就而在做人上一塌糊涂,最终搞得身败名裂的,古今中外不乏其人。

那么怎样做人呢？最重要的就是以德为先,做有德之人。古今中外,一些著名的思想家、教育家都十分重视"德"的重要意义。马克思认为:"德者,才之帅也。"古希腊哲学家柏拉图曾说:"一个人不应被名誉、金钱和地位诱惑……去忽视正义和其他德行。"我国伟大的人民教育家陶行知先生曾经指出:"道德是做人的根本。根本一坏,纵然你有些学问和本领,也不甚用处。一个人如果能时时处处将一个'德'字举过头顶,放在心上,那么一事当前,必能将善念体现在言语和行动上,为他人创造一份喜庆,为社会送去一缕温馨,为生活增添一丝快乐。做一个有道德的人是人的本分,是对人最起码、最本质的要求。"

2. 职业道德是事业成功的保证

1)职业道德是一个人事业成功的重要条件

在现代社会中,职业道德在人们事业中所起的作用尤为突出。随着社会的进步,人类生活水平逐步提高,良好的产品和服务质量往往能够使人们感觉到生活质量的提升,产品和服务的质量取决于生产质量和服务水平,而生产质量和服务水平的高低则由专业人士的职业技能和职业道德素质决定。

在日益激烈的市场竞争中,产品的质量和服务水平是企业得以生存的重要因素,因此,越来越多的企事业单位开始注重培养单位职工的道德品质,以提升企业的社会形象。卡耐基曾经说过:"一个人事业上的成功,只有15%是由于他的专业技术,而另外的85%靠人际关系、处世技能。"这里的处世技能主要指的是与人沟通和交往的能力,以及宽容心、进取心、责任心和意志力等品质。

2)每一个成功的人往往都有较高的职业道德

职业道德是社会对职业工作者的基本要求。当职业道德具体体现在一个人的职业生活中的时候,它就具体内化并表现为职业品质。职业品质包括职业理想、进取心、责任感、意志力、创新精神等。在每一个成功的人身上,这些品质往往都得到了充分体现。这些品质是支撑一个人理想大厦永远不倒的精神支柱,这些品质的发挥程度与精神生活的充实程度和事业的成功程度紧密相连。很难想象一个既没有职业理想,也没有进取心、责任感、意志力等品质的人能够在事业上有所成就。

三、职业道德的培养和修炼

1. 职业道德规范的基本内容

职业道德规范是每一个从业者所应遵守的行为准则,也是评价职业活动行为善恶的准则。它告诉人们什么该做,什么不该做。各行各业的劳动者只有按其准则去做,才能协调各种关系,解决好各种矛盾,出色地完成本职工作和任务。

职业道德规范包含以下几个方面的内容。

1) 文明礼貌

文明礼貌是珠宝首饰销售人员的基本素质,文明礼貌是塑造企业形象的需要。文明礼貌是指人们的行为和精神面貌符合先进文化的要求。俗话说:"做好生意三件宝,人员门面信誉好。"这是说,门面装饰得漂亮,人员讲文明礼貌,经营有信誉,是生意人的三件宝贝。在日本的商店里,珠宝首饰销售人员见了顾客要鞠躬,在英国的商店里推行珠宝首饰销售人员微笑服务,这都表明了文明礼貌在商业服务工作中的重要性。珠宝首饰销售人员要做到文明礼貌,就要在工作场合保持仪态端庄、语言规范、举止得体、待人热情。

2) 爱岗敬业

爱岗敬业作为最基本的职业道德规范,是对人们工作态度的一种普遍要求。爱岗,就是热爱自己的工作岗位,热爱自己的本职工作;敬业,就是以极端负责的态度对待自己的工作。宋朝朱熹对"敬业"的解释是:"专心致志,以事其业。"就是说,敬业的核心要求是严肃认真,一心一意,精益求精,尽职尽责。古人提倡的这种工作态度今天仍然没有过时。

爱岗与敬业是紧密联系在一起的。爱岗是敬业的前提,敬业是爱岗情感的进一步升华,是对职业责任、职业荣誉的深刻认识。不爱岗的人,很难做到敬业;不敬业的人,很难说是真正的爱岗。所以,不论做任何工作或劳动,只要认真负责,精益求精,不辞辛苦,就可以说是爱岗敬业了。一般来说,工作条件好、工作轻松、收入高的职业,做到爱岗敬业是比较容易的;相反,环境不好、工作艰苦、收入不高的职业,要做到爱岗敬业就不那么容易了。那些在艰苦环境、工作繁重、收入不高的岗位上认真工作的人,更应该受到人们的尊敬。一个人的价值大小就在于他是否能在本职岗位上爱岗敬业,为社会、为祖国作贡献。爱岗敬业还要求员工树立职业理想、强化职业责任、提高职业技能。

3) 诚实守信

艾森豪威尔说过:"我的用人之道一个很重要的标准就是忠诚。当我们争论一个问题时,忠诚意味着你把自己的真实想法告诉我,不管我是否喜欢它。意见不一致让我感到兴奋。但是一旦做出决定,争论终止,从那一刻起,忠诚意味着必须按照决定去执行,就像执行你自己做出的决定一样。"诚实守信是做人的基本准则,也是社会道德和职业道德的基本规范。诚实就是真实无欺,既不自欺,也不欺人。对自己,要真心诚意地为善去恶,光明磊落;对他人,要开诚布公,不隐瞒,不欺骗。一句话,诚实就是表里如一,说老实话,办老实事,做老实人。守信就是信守承诺,讲信誉,重信用,忠实履行自己承担的义务。诚实和守信是统一的,守信以诚实为基础,离开诚实就无所谓守信。

诚实守信是各行各业的基础行为准则。一名合格的员工应忠诚于所属企业，维护企业信誉，保守企业秘密。

4）办事公道

办事公道是指对于人和事的一种态度，也是千百年来人们所称道的职业道德。办事公道就是指珠宝首饰销售人员在办事情、处理问题时，要站在公正的立场上，不论对谁都是按照一个标准办事。它要求人们待人处世要公正、公平。我们要学会公道、公正、公平地处理各种问题。我们应该时时处处注意办事公道，做到坚持真理、公私分明、公平公正、光明磊落，只有这样，才能建立社会主义市场经济秩序。

5）勤劳节俭

勤劳节俭是中华民族的传统美德。在新形式下，勤劳节俭不仅没有过时，而且焕发了新的生命力。勤劳就是辛勤劳动，努力生产物质财富和精神财富；节俭就是节制节省、爱惜公共财物和社会财富以及个人的生活用品。勤劳节俭是创业家的成功修养，勤劳能促进效率的提高，节俭能降低生产成本。勤劳节俭有利于防止腐败，有利于社会经济可持续发展。每一位从业人员都应该提高自身素质，发扬艰苦创业的精神，厉行节约，反对浪费。

6）遵纪守法

遵纪守法是珠宝首饰销售人员的基本义务和必备素质，是从业的必要保证。遵纪守法指的是每个从业人员都要遵守纪律和法律，尤其要遵守职业纪律和与职业活动相关的法律法规。遵守职业纪律是职业道德的一项根本要求。当代一些发达国家的社会公德和职业道德水准，在很大程度上是在细密严谨的法律法规的约束下维持的。遵纪守法的具体要求有：①学法、知法、守法、用法，做文明公民，维护正当权益；②遵守企业纪律和规范，包括劳动纪律、财经纪律、保密纪律、组织纪律和群众纪律。

7）团结合作

团结合作作为处理从业人员之间和职业集体之间关系的重要道德规范，要求从业人员顾全大局、友爱亲善、真诚相待、平等尊重，搞好同事之间、部门之间的团结合作，以实现共同发展。团结互助可以营造和谐的人际关系氛围。从业人员只有把个人的工作和奋斗融于集体、社会之中，积极与他人合作、寻求帮助，汇集集体力量，才能到达成功的彼岸。团结互助可以增强企业内聚力。现代社会，有远见卓识的企业管理者都应该注重大力弘扬团结互助精神，培养团队意识，营造企业内聚力；有远大志向和追求的从业人员也应自觉融入集体，精诚团结、互助友爱，培养对企业的向心力和责任感。团结互助要求员工平等待人、尊重同事、顾全大局、互相学习、加强协作。

2. 提高职业道德修养的途径和方法

1）职业道德修养的含义

职业道德修养是一个从业人员形成良好职业道德品质的基础和内在因素。一个从业人员如果仅仅知道什么是职业道德规范而不注重提高自身的职业道德修养，那是不可能形成良好职业道德品质的。职业道德修养，就是指从事各种职业活动的人员按照职业道德基本原则和规范，在职业活动中所形成的良好的职业道德品质和所达到的一定的职业道德境界。

职业道德修养是一种自律行为，关键在于"自我锻炼"和"自我改造"。职业道德素质的提高，一方面靠他律，即社会的培养和学校的教育；另一方面取决于主观努力，即自我修炼。两个方面缺一不可，而且后者更加重要。

2）如何提高职业道德修养

（1）确定正确的人生观是职业道德修养的前提。人生观是对人生的目的、人生价值和意义的根本看法和态度。在现实生活中，每一个心智健全的人都有对人生问题的根本看法和态度。人生观有正确的、进步的，也有错误的、落后的。享乐主义人生观是一种错误的人生观。在社会实践活动中，具有享乐主义人生观的人，其一切行为都是为了满足自己享乐的欲求，这种人是不会关心他人利益和社会进步的。因此，我们应该在职业活动中自觉提高职业道德修养，形成良好的职业道德品质。

（2）职业道德修养要从培养自己良好的行为习惯着手。职业道德修养是一个长期的改造自己、完善自己的过程，而这个过程要从良好的行为习惯做起。古人说："合抱之木，生于毫末；九层之台，起于累土；千里之行，始于足下"，"勿以恶小而为之，勿以善小而不为"。这都是说一个人良好的行为习惯是通过点滴积累而形成的。如果一个人连一件有利于社会或他人的小事都做不到，那么就不会有强烈的社会责任感和无私的奉献精神，良好的职业道德品质和崇高的精神境界更无从谈起。

（3）学习先进人物的优秀品质，不断激励自己。在现实生活中，各行各业都涌现出很多先进人物。我们要学习他们为社会无私奉献的精神，学习他们的优秀品质，不断提升自己的职业道德水平和思想境界。学习先进人物的优秀品质，就要做到经常用先进人物的好思想、好作风衡量自己，敢于和善于发现自己的不足和缺点，并及时纠正。

四、珠宝首饰销售人员职业道德的具体内容

珠宝首饰销售人员的职业道德规定了珠宝首饰销售人员职业活动中的行为规范。良好的职业道德是珠宝首饰销售人员自我完善的必要条件，是珠宝首饰

销售人员职业活动的指南。珠宝首饰销售人员职业道德的修养,主要是指职业责任、职业纪律、职业情感以及职业能力的修养。

1. 热爱本职、忠于职守

热爱本职、忠于职守是职业道德的一条主要规范。作为珠宝首饰销售人员,热爱本职也就是热爱自己的工作岗位,只有具备了健康、正确的职业情感,才能将这种积极的情感指向顾客,才能使自己的营业行为符合顾客的心理需求,并在为顾客服务的实践活动中得到充分体现。忠于职守就是要忠于珠宝首饰销售人员这个特定工作岗位的各项职责,自觉履行和维护这些职责,具有强烈的事业心和职业责任感。

2. 遵纪守法、廉洁奉公

遵纪守法、廉洁奉公是珠宝首饰销售人员职业活动能够正常进行的重要保证。遵纪守法,即指珠宝首饰销售人员要遵守职业纪律及与职业活动相关的政策、法律法规。廉洁奉公是高尚的道德情操在职业活动中的重要体现,是珠宝首饰销售人员应有的思想道德品质和行为准则。珠宝首饰销售人员每天都要接触大量的金银珠宝和钱物,遇到各种各样的顾客,廉洁奉公就是要求珠宝首饰销售人员自尊自立,做到清廉经商,不受歪风邪气的侵蚀,不利用职务之便牟取私利,不利用职务之便泄露企业的商业秘密,包括货品制造、货品加工地、货品成本及企业利润率、即将举办的促销活动、柜台货品的构成及账目等。

3. 公平买卖、文明经商

公平买卖、文明经商是商业道德规范的核心,也是珠宝首饰销售人员必须遵守的职业道德。公平买卖体现在:对珠宝首饰商品准确命名、诚信无欺,对珠宝首饰明码标价;确保珠宝首饰商品质量,并做到推销商品时不强买强卖;按质论价,优质优价、次质次价、同质同价,介绍商品时不夸大优点、不隐瞒缺点,体现商品交换的等价原则。

4. 接待顾客、真诚守信

真诚守信、讲信誉、重承诺,是经商取胜之本。作为一名珠宝首饰销售人员,要用自己的一言一行去塑造企业的形象,在对顾客的服务中要言行文明、遵守诺言,言必行、行必果,以真诚服务赢得顾客的信任。

5. 礼貌待客、热情服务

礼貌待客、热情服务是商业服务的根本行为准则。礼貌待客,即要求珠宝首饰销售人员在尊重顾客的基础上,平等对待每一位顾客,对顾客不品头论足、不以貌取人。礼貌待客还要求珠宝首饰销售人员熟知商业礼仪规范,时时处处用商业礼仪规范来指导自己的行为。

热情服务,即要求珠宝首饰销售人员在接待顾客时耐心周到、态度和蔼、语言亲切,做到认真回答顾客提出的问题,百问不烦、百挑不厌,虚心接受顾客的批评,不计较顾客的批评,不计较顾客的态度好坏、语言轻重,通过良好的服务工作为顾客营造一个良好的消费环境。珠宝首饰是一种高档消费品,顾客在购买珠宝首饰时需要有一个咨询、挑选的过程,珠宝首饰销售人员的礼貌待客、热情服务是保证商品销售所必需的。

6. 刻苦学习、钻研业务

珠宝首饰是大自然的精华,也是人类智慧与文明的结晶,因而对珠宝首饰销售人员的素质要求是相对全面和严格的。

与传统的珠宝首饰行业相比,现今的珠宝首饰行业融入了更多的高科技成分,不管是宝石鉴定还是首饰设计、制作,或是营销手段都在不断发展。新时代的珠宝首饰销售人员必须努力学习,刻苦钻研业务,在实践中不断跟上行业发展的步伐。

任务三 理解珠宝首饰销售岗位的心态要求

★ 学习目标

通过本任务的学习,学习者能够体会珠宝首饰销售工作的正确心态,意识到不良心态对销售工作的影响。

★ 知识要求

工作不仅让珠宝销售人员获得薪水,更重要的是,还能获得经验和知识。对于珠宝首饰销售人员而言,有好心态才有好业绩。在销售中,保持良好的心态是提高工作效率的根本。不可否认,工作占据了我们生命中的大部分时光,同时也影响着我们的一生。假如珠宝首饰销售人员在工作岗位上得不到尊重,没有成就感,享受不到快乐,那么就很难获得满足感。

一、珠宝首饰销售人员应该具备的工作态度

珠宝首饰销售人员自我心态的调整是成功的保证。

1. 追求成功的欲望

优秀珠宝首饰销售人员的脱颖而出,都源自成功的欲望。这样的人常常使

用"自我暗示"法,或者制订出详细的目标,并进一步制订出一个实现目标的计划。在目标与计划的基础上,计算好时间,以充裕的时间确保计划实现。一个好的目标应该是有层次的,长期、中期、近期、即期,各期目标不同。简单说来,长期目标是未来几年的目标与规划,中期也许是一个季度或半年,而近期目标是第二天或下个月销售出多少产品,即期则是当天或目前的目标。目标还应该是多方面的,销售额只是其中一个方面,使潜在顾客成为现实顾客、挖掘更多潜在顾客、在推销过程中树立企业形象等都应该成为目标的构成内容。

强烈的销售意识是珠宝首饰销售人员对工作、企业、顾客和事业的热情、责任心、勤奋精神和忠诚度的体现,能使珠宝首饰销售人员发现或创造出更多的销售机会。

2. 强烈的自信

珠宝首饰销售人员的自信不仅仅是对自己的自信,还包括对销售工作、所在商场、所售产品的自信。一个有着积极态度的珠宝首饰销售人员,每天都会面带微笑,还会经常鼓励自己。

成功的珠宝首饰销售人员对自己的职业也应充满由衷的热爱,对事业充满强烈的信心,而这也正是一个珠宝首饰销售人员所应具备的态度。

3. 锲而不舍的精神

并不是每个销售活动都会顺利进行。所以,珠宝首饰销售人员需要具备锲而不舍的精神。锲而不舍的精神是销售成功的重要保证。实践证明:在销售之前遇到的挫折越大,克服挫折取得的成绩就会越好。

4. 主人翁的心态

美国前国务卿鲍威尔认为:"工作是为了自己,只要你永远认真努力地去对待自己所从事的工作并把每一件事情做好,你一定会有所成就的。相信自己的能量还有自己的认真态度,明白是在为自己工作。"

二、珠宝首饰销售人员接待顾客的心态调整

1. 把顾客当作朋友和亲人

(1)情绪低落时要进行自我心理调节,以免使顾客不悦。

(2)对自己讨厌的顾客,也要从内心感激,否则柜台珠宝首饰销售人员的言行会不自觉地流露出反感。

(3)当顾客不讲理时,要忍让,尝试让自己理解顾客的行为。

(4)绝不要逞一时口舌之快而得罪顾客,因为他们是衣食父母,不是斗智斗勇的对象。

2. 满足顾客的需要是宗旨

珠宝首饰销售人员要把满足顾客需求当成工作的宗旨，这样珠宝首饰销售人员才会自觉地提高自己的业务知识、工作能力和工作技能等，在态度方面也会做到热情、认真、礼貌。

把满足顾客的需要作为工作的宗旨，还可以避免珠宝首饰销售人员有自卑的心理，虽然大家的工作内容不同，但性质是一样的，都是为人民服务。

3. 不应强迫顾客购买

珠宝首饰销售人员都希望能借着每位顾客购买额的提升来增加自己的销售业绩，但如果过于急躁地向顾客推荐产品，就会给人一种强迫推销的感觉，不仅会使顾客极为不愉快，还会使顾客对珠宝首饰销售人员、对商场产生逆反心理。

一流的推荐方法是要自然地让顾客从产品的低价格看到高价格，并能在顾客犹豫不决的时候帮助他做出购买决定。千万不要一味地向顾客推荐其不感兴趣的产品，也不要虚假地将不好的产品说成好的产品，明明不适合顾客的产品说成非常适合。

总之，珠宝首饰销售人员在销售之前就应该观察与揣摩顾客的心理，做好准备之后，在适当的时间、地点、场合针对顾客的需求来推荐合适的产品，使顾客获得满足感。

知识拓展

以下内容选自《问问李子勋》一书。你读过后有何感想？你觉得作为一名服务行业的工作人员应该在工作时具备什么样的心态？

人与人之间不是平等的吗？

咨询者：我是一名服务行业的人员，每天必须面对很多不同类型的客户。有些客户总看不起我们服务人员，说起话来十分伤人的自尊心，而且常常不负责任地指责我们。人与人之间不是平等的吗？难道我们服务人员就必须要放下自己的自尊，讨好所有客户吗？有的时候，我真的忍不住当场与客户辩论，虽然这样会引起投诉。

李子勋：回答你之前要搞清楚一个问题，你是谁？你有份服务员的工作，你是服务员吗？在工作环境中你是服务员，生活中还是服务员吗？你去商店购物，去机场坐飞机，去理发店理发，是以服务员的心态还是以消费者的心态呢？如果意识到你还是你，有自己的追求、信仰、爱好、朋友与家人，那么每天几个小时的服务是你的职业，不是你。你在这个位置上所感觉到的责难就变成客户对服务这个角色的苛求,并不是针对你的自尊。如果你觉得客户是针对你,跟你过不去,那么你在这个世界中的关系就相当地混乱不清了。举个例子,你在餐馆吃饭,厨师多放了盐,让你难以下咽,你有权要求这个餐馆重做一道菜。如果你认为厨师是故意针对你的,或者这个厨师认为你是故意找他的麻烦,这就混淆了服务与被服务这个边界。

服务是一个行业,当今世界的经济发展,一是创意,二是服务,服务和创意是同等重要的事。人类的生活越来越趋向娱乐化,以商品经济为主体的社会都是服务型社会,服务是劳动的本质。人必须以为他人服务来换取自己享受他人的服务。我们骨子里可能存在一种集体无意识,将人分成三六九等,认为服务业是地位低下的职业。如果内心认为服务他人没有尊严,那么每天就得为尊严而战,内心饱受创伤。有时想想,生活就是一个戏剧,在这一幕里你是主角,别人来配合你。在另一幕你跑龙套,配合别人把戏演好,似乎就是自然而然的事情了。把对客户好一点,迎合客户需求看作是讨好人,其实是我们的自卑心作怪。要赢得被人尊重的前提是先尊重自己。尊重自己的人无论扮演什么社会角色,脸上都会洋溢着一种自然的、坦诚的光彩,营造出一种友好的气氛。你的愉悦会让人感觉你喜欢这个职业,喜欢前来求助的人。客户们自然而然会喜欢你、亲近你,也很难坚持那种无理态度。如果自己率先就不喜欢自己,不喜欢服务他人,戴着职业面具,把真实的自己掩藏起来,客户骂的可能是你那张"冷"脸,不是你,也不是你的职业。这一点是显而易见的。例如孩子小需要找育儿嫂,有的人技术不怎样,但喜欢孩子,因此就很细心、体贴与温柔,孩子很喜欢也很亲近她。这样的育儿嫂经验不多,孩子却带得很好。有的人很有经验,但不是由衷地喜欢孩子,仅仅把育儿当作职业,不管她做得多好,还是很难让孩子亲近。原来孩子是用心去感觉别人的。用心去服务他人,是最高的境界。用心去做会让自己变得高尚,也让客户感到荣光。

在很大的程度上,客户的要求跟你的职业有关,与你无关。

★ 课后训练

一、销售训练

1. 请你说说,作为珠宝首饰销售人员在岗位中应该具有怎样的工作心态。
2. 在销售岗位中,哪些行为是主人翁心态的体现?
3. 请描述珠宝首饰销售人员的职业道德的内容。
4. 根据珠宝首饰销售岗位的要求和自身具备的优缺点,分析自己还需要在哪些方面进行努力。

二、销售案例分析

一日,小张路过珠宝店进去和好朋友小李打招呼,小李是珠宝店铺的销售人员,两个好朋友说说笑笑。正聊着,进来一位顾客,小李看了看顾客后继续和小张聊天。小张赶紧对小李说:"你招呼顾客吧。"

小李:"没关系,那个人不会买。不会舍得买这么贵的东西。"

小张:"咦,还没试试你怎么知道啊?"

小李:"我凭感觉和经验就知道。"

试分析珠宝首饰销售人员小李在岗位中的工作状态,会对销售业绩带来什么样的影响?

单元三　珠宝首饰销售人员形象

任务一　珠宝首饰销售人员礼仪形象

学习目标

通过本任务的学习,学习者能够使自身的外貌、穿着符合珠宝首饰销售工作要求。

知识要求

珠宝首饰销售人员良好的形象,既能体现自尊自爱,又能表示对顾客的尊重与礼貌,给顾客留下端庄、稳重、大方的印象,赢得顾客的尊敬。

一、珠宝首饰销售人员的仪容要求

1. 头部修饰

头部修饰的基本要求有以下四点。

(1)发型整洁美观。发型的基本要求是头发整洁、发型大方,以给顾客留下健康、秀美、干净、清爽、卫生、整齐的良好印象为准则。要勤于梳洗,发型要朴素大方。男性珠宝首饰销售人员的发型要求:前不覆额,侧不掩耳,后不及领,不烫不染、干净整洁,不留怪发、长发,无头皮屑;可选择中分式、侧分式、短平式、后背式发型,梳理有序。女性珠宝首饰销售人员的发型要求:发不过肩,长发应挽束起来;梳理整齐,不遮住脸部,不挡前额眼睛,没有头皮屑;刘海儿不要过低,不染怪色。

(2)面部清爽干净。对珠宝首饰销售人员面部最基本的要求是时刻保持面部干净清爽,无汗渍和油污等不洁之物。保持面部清爽干净要做到以下几点:①及时洗脸,午休、用餐、出汗、劳动或者外出之后,都应立即洗脸;②眼部整洁,没有眼屎、眼袋、黑眼圈和红血丝;③女性珠宝首饰销售人员不要有渗出的眼线或睫毛液;④男性珠宝首饰销售人员必须刮干净胡须,最好别留胡子,同时,还要刮齐鬓角;⑤要随时保持鼻腔干净,不要让鼻涕或其他东西充塞鼻孔,经常修剪长到鼻孔外的鼻毛;⑥要保持牙齿白净、口气清新、口腔无异味,没有烟气、异味、口臭,是对口腔的基本要求,满口黄牙或被烟熏黑了的牙齿很容易引起顾客的反感,对珠宝首饰销售人员失去信心;⑦销售前、销售中禁食蒜、葱、韭菜、腐乳等能使口腔发出刺鼻气味的食物,珠宝首饰销售人员在必要时可含一点茶叶或嚼口香糖,以去除异味。

2. 手部修饰

珠宝首饰销售人员在销售过程中需要完成各种各样的手语、手势,因此手部的修饰就显得非常重要了。如果手部的"形象"不佳,整体形象将大打折扣。对手部进行修饰主要针对以下三点。

(1)手指。时刻保持手部干净清洁,手心干爽洁净,接触各种东西后,都应及时洗手。同时,手部修饰还要求手无伤口、裂痕等,要保持手部皮肤光滑、红润、健康、自然。

(2)指甲。定期修剪指甲,最好每周修剪一次。指甲长度不超过手指指尖。保持指甲内无污泥,健康卫生。适当地使用甲彩,例如一些与指甲颜色相近的甲彩,能够对指甲起到很好的修饰作用,但不要使用太醒目的甲彩,如红色甲彩、紫色甲彩等。

(3)腋毛。不使腋毛外现。女性珠宝首饰销售人员最好去除腋毛,男性珠宝首饰销售人员不要穿无袖服装。在顾客面前,如果腋毛外现,是视为失礼的,会给顾客留下极差的印象。

3. 化妆礼仪

化妆是一种礼貌的表现。在销售时,适当地化妆可以展示良好的精神风貌,体现出对自身职业的尊重。但是,如果不把握好化妆原则,则可能起到相反的作用。

1)基本要求

作为珠宝首饰销售人员,化妆时要做到雅俗共赏,不能我行我素,基本的化妆规范为淡妆上岗外,还要注意以下几点要求。

(1)自然。一般而言,女性珠宝首饰销售人员一定要化妆,否则是对顾客的不尊重,且应清淡自然。化妆要化得生动、真实,具有生命力,要"天然去雕饰",应避免人工修饰的痕迹过浓,避免使用气味浓烈的化妆品。

(2)协调。在化妆时,不排斥个性化的追求,但必须有"法"可依,不能我行我素。在浓淡、颜色等方面的选择上,应遵循自然、大方、适宜的规则,并要懂得化妆的艺术,使妆容在整体上相互协调,提高整体效果。

2)化妆禁忌

(1)不宜浓妆艳抹、当众表演。在珠宝首饰的销售活动中,要求以淡妆为主,不过分地引人注目。浓妆艳抹往往会让顾客觉得过分招摇、轻浮、不稳重。珠宝首饰销售人员在销售开始前就应该化好妆,或者在专用的化妆间化妆。当众化妆或补妆有卖弄之嫌,惹人反感。

(2)不宜以残妆示人。化彩妆的女性珠宝首饰销售人员在某些情况下会出现妆容残缺的现象,以残妆示人,既有损自己形象,也显得对人不礼貌。因此,化妆后要经常进行检查,尤其在出汗之后、用餐之后、休息之后,及时地检查妆容。如发现妆面残缺,要即刻补妆,以免给人留下不良印象。

二、珠宝首饰销售人员的仪表要求

珠宝首饰销售人员的服务仪态影响着顾客的购买行为,自然得体的仪态不仅会给顾客留下深刻而美好的印象,还会激发顾客购买的欲望。

在销售时,珠宝首饰销售人员通常应穿着职业服装,这不仅是对顾客的尊重,同时也会使珠宝首饰销售人员有一种职业的自豪感、责任感,是敬业、乐业精神在服饰上的具体表现。珠宝首饰销售人员穿着职业服装的基本要求如下。

整洁:衣裤搭配合适,无破裂、掉线、衣领不翻等。

清洁:衣裤无污垢、无油渍、无异味,领口与袖口处尤其要保持干净。

挺括:衣裤不起皱,穿前要熨平,穿后要挂好,做到上衣平整、裤线笔挺。

大方:款式简练、高雅,线条自然流畅,便于岗位接待服务。

同时,着装还必须合身,袖长至手腕,裤长至脚面,裙长过膝盖,尤其是内衣不能外露;衬衫的领围以插入一指大小为宜,裤裙的腰围以插入五指为宜;不挽袖,不卷裤,不漏扣,不掉扣;领带、领结与衬衫领口吻合要紧凑且不系歪;如有工号牌或标志牌,要佩戴在左胸正上方,有的岗位还要戴好帽子与手套。

1. 男性珠宝首饰销售人员的仪表规范

服装:深色,最好为深蓝色的职业套装,如有经济能力可以选购高档一些的西装。

衬衣:白色,注重领子、袖口清洁,并熨烫平整,应准备三件以上。

领带:以中色为主,不要太花或太暗,最好准备五条以上。

长裤:选用与上衣色彩质地相衬的面料,裤长以盖住鞋面为准。

便装:中性色彩,干净整齐,无油污。

皮鞋:最好为黑色系带式,如有经济能力最好选购名牌皮鞋,要把皮鞋面擦亮,皮鞋底边擦干净。

短袜:最好为黑色。

男性珠宝首饰销售人员在特定场合穿西装时,要打领带,衬衫的搭配要适宜。

2. 女性珠宝首饰销售人员的仪表规范

服装:一般的珠宝首饰店铺都是为女性珠宝首饰销售人员配备西服套裙或套装的。西服套裙或套装的色泽以中性为好,不可穿着过于男性或过于性感的服装,款式以简洁大方为好。

鞋子:黑色高跟淑女鞋,保持鞋面的光亮和鞋边的干净。

袜子:高筒连裤丝袜,色泽以肉色为好。

首饰:适当搭配珠宝首饰,不可太过醒目和珠光宝气,不要佩戴三件以上的首饰。

整洁:服装要保持整洁,不能穿着不洗不熨、皱皱巴巴的服装,否则会显出一副邋遢、窝囊的形象,让顾客对珠宝首饰销售人员产生怀疑,不利于珠宝首饰的销售。

着装必须与珠宝首饰店的形象及其所从事的具体工作相称,做到男女有别、职级有别、身份有别、职业有别、岗位有别,"干什么,像什么"。只有这样,才会使珠宝首饰销售人员的着装恰到好处地反映出自身的素质,反映出卖场的形象。

3. 服装禁忌

(1)颜色过于杂乱。指不按照珠宝首饰销售人员的规范化要求着装。杂乱的着装极易给顾客留下不良的印象,使顾客对企业的规范化程度产生疑虑。如果衣着过于怪异、刺眼,顾客虽然嘴上不说,心里却会盘算:这样的珠宝首饰销售人员可靠吗?

(2)颜色过于鲜艳。着装过于鲜艳是指在销售时的着装色彩较为繁杂,过分耀眼。如衣服图案过于繁琐以及标新立异等问题。打扮得过于艳丽,显得俗气,甚至会给顾客一种距离感,难以在短时间内取得顾客的信任。

(3)过于暴露。在销售时不宜穿暴露的服装,不能使胸部、肩部、大腿等处暴露在外。否则,会给顾客一种不庄重的感觉,让人觉得轻佻。

(4)过于短小。着装不可以过于短小。女性珠宝首饰销售人员不可以穿短裤、超短裙、露脐装等。

(5)过于紧身。在销售时不可以穿着过分紧身的服装,不能把自身的曲线太过夸张地表现出来,否则会给顾客不庄重的感觉,使顾客觉得不可信赖。

三、珠宝首饰销售人员的服务仪态

1. 行姿

在接待顾客时行姿是非常重要的。协调稳健、轻松敏捷的行姿会给顾客以动态之美,表现出朝气蓬勃、积极向上的精神状态。

行姿的基本规范是"行如风",起步时,上身略向前倾,身体重心落在前脚掌上;前行时,双肩平稳,目光平视顾客上三角部位,下颌微收,表情自然,面带微笑,手臂放松伸直;摆动时,以肩关节为轴,上臂带动前臂,前后自然摆动,摆幅不宜过大、过小,以适宜为原则;手指自然弯曲,呈"几"字形。

步调适当,一般应该是前脚的脚后跟与后脚的脚后跟相距一脚长。跨出的步子应是全脚着地,膝和脚腕不僵直,行走足迹在一条直线上。行步速度,一般是男性珠宝首饰销售人员每秒1～2步,女性珠宝首饰销售人员应比男性珠宝首饰销售人员稍快一点。

2. 站姿

站姿是一种静态美,是培养优美的服务仪态的起点,是发展动态美的起点和基础。好的站姿不仅会减轻珠宝首饰销售人员站立时的疲劳感,还会产生一种优美的效果,使顾客对珠宝首饰销售人员产生好感。规范的站姿应该是:

(1)头正。两眼平视前方,嘴微闭,下颌微收,表情亲切自然,面带笑容。

(2)肩平。双肩自然放松,挺肩,稍向后下沉。

(3)躯挺。挺胸、收腹,臀部向内向上收紧。

(4)腿并。两腿立直,贴紧,脚跟靠拢,两脚夹角成60°左右。

(5)双手。自然下垂或抱于小腹前或背在后腰上,不宜将手插在裤袋里或交叉在胸前,更不要下意识地做些小动作。

3. 坐姿

在需要与顾客座谈时必须要注意坐的姿态和基本的坐姿规范。标准的坐姿要求"坐如钟",腿直、身正、文雅。

1)女性珠宝首饰销售人员的坐姿

(1)标准式。轻缓地走到座位前,转身后两脚成小丁字步,左前右后,两膝并拢同时上身前倾,向下落座。如果穿的是裙装,在入座时要用双手在后边从上往下把裙子拢一下,以防裙子被坐出皱纹或因裙子被打折坐住而使腿部裸露过多。入座后,上身保持挺直,双肩平正,两臂自然弯曲,两手交叉叠放在两腿中部,并靠近小腹。两膝并拢,小腿垂直于地面,两脚保持小丁字步。

(2)前伸式。在按标准式坐好后,两小腿向前伸出一脚的距离,并且脚尖不要翘起。

(3)前交叉式。在前伸式的基础上,右脚后缩,与左脚交叉,两膝关节重叠,两脚尖着地。

(4)屈直式。在前伸式的基础上,右脚前伸,左小腿屈回,大腿靠紧,两脚前脚掌着地,并在一条直线上。

(5)后点式。在按标准式坐好后,两小腿后屈,脚尖着地,双膝并拢。

(6)侧点式。两小腿向左斜出,两膝并拢,右脚跟靠近左脚内侧,右脚掌着地,左脚尖着地,头和身躯向左斜。注意大腿和小腿要呈90°的直角,小腿要充分伸直,尽量显示小腿长度。

(7)侧挂式。在侧点式的基础上,左小腿后屈,脚绷直,脚掌内侧着地,右脚提起,用脚面贴住左踝,膝和小腿并拢,上身右转。

(8)重叠式。重叠式也叫"二郎腿"或"标准式架腿"等。在标准式坐姿的基础上,两腿向前,一条腿提起,腿窝落在另一条腿的膝关节上边。要注意上边的腿向里收,贴住另一条腿,脚尖向下。

2)男性珠宝首饰销售人员的坐姿

(1)标准式。入座后,上身正直上挺,双肩正平,两手放在两腿或扶手上,双膝并拢,小腿垂直落于地面,两脚自然分开成45°角。

(2)前伸式。在标准式的基础上,两小腿前伸一脚的长度,左脚向前半脚,脚尖不要翘起。

(3)前交叉式。小腿前伸,两脚踝部交叉。

(4)屈直式。左小腿回屈,前脚掌着地,右脚前伸,双膝并拢。

(5)斜身交叉式。两小腿交叉向左斜出,上体向右倾,右肘放在扶手上,左手扶把手。

(6)重叠式。右腿叠在左膝上部,右小腿内收,贴向左腿,脚尖自然向下。

4.手势

在珠宝首饰销售活动中经常需要用手势来使自己的意思表达得更清楚、直观。在使用手势时应注意一些手势的基本知识,不能滥用手势,以免给顾客造成坏的印象,妨碍销售的进行。

手势的基本规范应是手掌自然伸直,掌心向内向上,手指并拢,拇指自然分开,手腕伸直,使手与小臂成一直线,肘关节自然弯曲,大小臂的弯曲以140°为宜。珠宝首饰销售人员在做手势的同时,要配合眼神、表情和其他姿态,才能显得大方。在珠宝首饰的销售中,常用的手势一般有横摆式、前摆式、双臂横摆式、斜摆式、直臂式等。

(1)横摆式。横摆式通常在表示"请进""请"时使用,使用时五指伸直并拢,手掌自然伸直,手心向上,肘部弯曲,腕低于肘;以肘关节为轴,手从腹前抬起向右摆动至身体右前方;同时,脚站成右丁字步,头部和上身微向伸出手的一侧倾斜,另一只手下垂或背在背后;目视顾客,面带微笑。

（2）前摆式。使用时,五指并拢,手掌伸直,身体一侧由下向上抬起;以肩关节为轴,手臂稍曲,到腰的高度向身前右方摆去,摆到距身体 15cm 处,并不超过躯干的位置时停止;目视顾客,面带微笑。

（3）双臂横摆式。双臂横摆式通常用于对顾客表示欢迎时使用。两手从腹前抬起,双手上下重叠,手心向上,同时向身体两侧摆动,摆至身体的侧前方;上身稍前倾,微笑施礼向顾客致意,然后退到一侧;或者可以双臂向一个方向摆出,即两手从腹前抬起,手心朝上,同时向一侧摆动,两手臂之间保持一定距离。

（4）斜摆式。在请顾客就座时,可使用斜摆式。手先从身体的一侧抬起,到高于腰部后,再向下摆去,手势指向座位的地方,注意使大小臂成一斜线。

（5）直臂式。直臂式多用于给顾客指方向时。使用时手指并拢,手掌伸直,屈肘从身前抬起,向应到的方向摆去,摆到肩的高度时停止,肘关节基本伸直。

在使用其他一些常用手势时应注意一些基本事项,如在为顾客指示行进的方向时,习惯上采用将左手或右手提至齐胸高度,指尖和手臂朝指示方向;在为顾客作介绍时,手心应朝上,手背朝下,四指并拢,拇指张开,略带微笑,显得温文尔雅。

任务二 掌握珠宝首饰销售人员的语言要求

学习目标

通过本任务的学习,学习者能够在简单的珠宝首饰销售场景中使用正确的销售语言。

知识要求

服务语言是指珠宝首饰销售人员在接待顾客的过程中,用来同顾客沟通、交流,以达到促成购买目的的语言。服务语言既代表着珠宝首饰销售人员个人的修养、知识水平,也代表着珠宝首饰店铺的风格和管理水平。因此,珠宝首饰销售人员一定要注意利用语言有效地传递营销信息,熟练地掌握语言表达的技巧。

一、语言基本要求

珠宝首饰销售人员要使用文明礼貌的语言,在说话时要做到和气、文雅、谦逊。

1. 要礼貌待客

在接待顾客时,应使用礼貌用语。使用礼貌用语既是对顾客、对自己尊重的表现,又是融洽与顾客关系的基础。

2. 语调要柔和

在接待顾客时,语气语调要柔和,富于变化。要始终保持语调清晰,声音柔和,柔和的声音会令顾客感到舒适。同时,还应根据谈话的内容采取抑扬顿挫的语调,这种富有感情色彩变化的语调能使珠宝首饰销售人员与顾客之间产生默契。在具体运用时,应注意以下几点。

(1)运用缓慢低沉的语调。如果想对顾客的遭遇表示理解,可以使用较为缓慢和低沉的语调,来配合谈话的内容。

(2)提高语调。可适当地提高语调来表示对顾客的关注。

(3)使用温和的语气。可使用温和的语气来澄清顾客的要求。

(4)学会调整呼吸。当感到顾客咄咄逼人时,珠宝首饰销售人员可以尽量调整自己的呼吸,放松声带,用平和的语调来缓和气氛。

(5)控制音量。应使用大小适中并适合环境的音量与顾客交谈,让顾客能清楚地听见自己说话。如果顾客很生气,并大声讲话时,千万不要以同样的音量回应。对犹豫不决的顾客,说话的声音要比平常稍大一些,这样有助于顾客重视珠宝首饰销售人员所讲的话,也有助于珠宝首饰销售人员在与顾客的对话中起主导作用。

3. 表达要贴切

销售人员应根据不同的顾客及其特点恰如其分地表达销售目的。要注意语言感情色彩的运用,为顾客挑选商品时尽量不用胖、瘦、矮来表述体型类别,也不要用黑、黄、苍白来形容肤色,更不能涉及某些生理缺陷上的词语,要措辞婉转。此外,还要注意说话的分寸,不要说与营业无关的话,不打听顾客的职务、年龄、婚姻状况等,以免引起顾客的误会。

4. 要学好普通话

销售人员必须学好、用好普通话,加强与顾客的交流。同时,还要懂一些方言,使自己能适应各地顾客的语言习惯。

二、语言表达方法

珠宝首饰销售人员应该在不同的环境、不同的气氛中,根据不同的对象,运用不同的语言,采用不同的表达方式,把自己要说的意思准确而又婉转地表述出来,使顾客愿意倾听,愿意购买商品。

1. 不用命令式,多用请求式

命令式的语句是单方面的,没有征求对方的意见,就勉强别人按照自己的意见去办;请求式的语句是尊重对方的意见,请求别人去做。运用的语句不同,效果也会截然不同。用命令式的语句,往往会使成交失败,失去一个甚至更多的顾客。使用请求式的语句,顾客比较乐于接受。请求式的语句,一般有三种说法。

(1)肯定句。如:"请您稍微等一等。"
(2)征询句。如:"您能稍微等一等吗?"
(3)征询疑问句。如:"我马上到仓库提货,您能等一会儿吗?"

一般来说,征询句比肯定句更能打动顾客的心,尤其是征询疑问句,更能体现出珠宝首饰销售人员对顾客的负责和尊重。

2. 不用否定句,多用肯定句

否定句是否定对方的意见,让人听了之后感到不愉快;而肯定句则是肯定对方的陈述。在实际工作中,珠宝首饰销售人员如能巧妙地用肯定句代替否定句,将会产生意想不到的效果。

3. 观察顾客反应以调整说话方式

销售人员所说的同一句话,由于每个顾客生活体验的不同,感受也会不一样。有时即使对同一顾客说同样的话,也会因时间、地点的不同而使顾客的感受大不一样。因此,珠宝首饰销售人员要边说话边观察顾客的反应,才能了解顾客对商品的喜爱程度,以便确定和调整自己的劝说方式。

4. 要化被动为主动

销售人员由于受客观营业规律的影响和自身主观条件的限制,有时做不到主动问话,而是顾客对珠宝首饰销售人员先说第一句话,提出询问,导致销售人员处于被动服务的状态,达不到理想的服务效果。因此,珠宝首饰销售人员应在回答顾客询问的第一句话时,利用适当的途径,迅速把被动答话转化为主动接待,以利于更好地介绍商品,进行销售。

5. 得体地运用幽默的语言

幽默的语言是艺术的语言,是智慧的体现。幽默具有解除困境、引人思考、内含批评和调动情绪等多种功能。珠宝首饰销售人员要熟练得体地运用幽默的语言为顾客服务,愉悦顾客,也可以运用幽默的语言为自己解决难题,使顾客在不难堪的情况下更容易接受意见。

6. 用语因环境而异

要想使顾客感到满意,销售人员应针对不同时间、场合说不同的话,使自己的服务语言表达适应特定的购物环境,这样有利于门店销售员与顾客的沟通和理解。

针对特定的时间、气候等因素,销售人员在接待顾客时可以从不同方面寻找合适的话题。比如逢年过节,可以说"祝您春节愉快,欢迎您再来";外面下雪时,可以说"路滑,当心走好"。这些符合特定环境的语言,既增进双方感情,也有助于交易的达成。

7. 要注意因人而异

珠宝首饰销售人员在与顾客交谈时,要因人而异。

(1)对老年人。音量不可过低,因为不少老年人的听力都有障碍;态度要亲切真挚,耐心倾听老年人的购物诉求并尊重其选择;说话速度不宜过快,做到简单、明确、中肯。

(2)对中年夫妇。说话要得体,不说外行话,切忌用低俗流行语;掌握女士的购买心理,多数男士会听从太太的意见;多说称赞女士的话语,但要注意不卑不亢;不要只对女士说话,冷落了男士,反之亦然;应适当提出购物建议,以调和人际关系。

(3)对情侣。千万不要紧随其后;不窥视其亲密动作;适当赞美对方的优点,营造和谐的气氛;向他们介绍流行趋势及商品。

三、常用服务用语

珠宝首饰销售人员在工作过程中处处都应注意正确地使用服务用语。怎样使每一句服务用语都发挥最佳效果,就必须讲究语言的艺术性。在销售与服务的过程中,珠宝首饰销售人员应使用礼貌的服务用语,做到自觉、主动、热情、自然和熟练。下面为大家介绍一些基本服务用语。

(1)当顾客向正在行走的珠宝首饰销售人员咨询时,珠宝首饰销售人员可一边回答"需要我帮忙吗?",一边迅速放轻脚步迎向顾客。

(2)珠宝首饰销售人员正在招呼顾客,同时又要接待其他顾客时,可对接待中的顾客说:"对不起,我失陪一下。""对不起,请您稍候,我马上过来。""对不起,那边有位顾客,我过去招呼一下,马上过来。"

(3)珠宝首饰销售人员前去调货或必须先处理其他事情时,请其他同事前来帮忙,致使顾客必须稍等时,可以这样对顾客说:"非常抱歉,让您久等了。"(5～6min以内)、"实在对不起,让您等这么久。"(10min左右)、"对不起,耽误您时间了,能否请您再稍等片刻。"(超过10min,可中途对顾客说)

(4)顾客无法决定该选何种商品时,珠宝首饰销售人员应该站在顾客的斜左方、右方,或并立,并以温柔亲切的语调来吸引顾客的眼光,将相同的特性解释清楚。例如:"要是您佩戴,这款比较合适。""这种款式,价格不贵,佩戴效果好,值得您买。""不知您觉得如何,我倒是觉得比较适合您。""您应该清楚您夫人的喜好,这件首饰可能会比较适合她。"

(5)无法满足顾客要求时,珠宝首饰销售人员应向顾客说一些表示歉意的话语。如:"真对不起,这种商品刚好卖完,不过,请留下您的姓名和电话,一到货,我马上通知您,好吗?"

(6)遇到咨询过商品却不买的顾客时,珠宝首饰销售人员仍要一边道歉一边说:"希望下次有机会为您服务。"

(7)顾客决定购买商品时,一定要面带微笑,并郑重地向他致谢。如:"谢谢,希望还有机会为您服务。""您真有眼光。"

(8)当顾客对珠宝首饰销售人员抱怨时,最重要的是聆听顾客抱怨的内容,并且郑重地向顾客道歉。例如:"我马上请人另外拿一件给您,请您稍等一下。""谢谢您给我们的建议,我马上请示经理,给您满意的答复,请您在这里坐一下。"

(9)与顾客道别时要亲切、自然,用语要简单、适当。例如:"再见,欢迎您再来。""欢迎再次光临。""请拿好,慢慢走。""谢谢您,请您拿好东西。"对外地来旅游的顾客,可说:"祝旅途愉快,欢迎下次再来。"

课后训练

一、销售训练

将下列语言转化为更优的表达。
"我不是这个意思。"
"这个我们办不到。"
"这种事情从来没见过。"
"下午我们关门不上班。"

二、销售案例分析

王小丽是某职业院校宝石专业的毕业生,她为应聘一家心仪的珠宝企业而将自己从头到脚打扮了一番。烫了浪漫的大卷波浪头发,配了时尚的耳环、新眼镜和一套新的套装,还在美甲师那里做了美美的红指甲,看起来漂亮极了。

然而,事情并没有王小丽想象中那么顺利。当她从文件夹里拿出简历时,红指甲便马上被面试官注意到了,接下来面试官打量了一下王小丽披着的大卷发。面试没有进行多久,王小丽就被请退了。

1. 分析王小丽面试失败的原因。
2. 请你为她做一个全面的形象设计。

三、案例分析

空姐的 12 次微笑

飞机起飞前,一位乘客请求空姐给他倒一杯水吃药。空姐很有礼貌地说:"先生,为了您的安全,请稍等片刻,等飞机进入平稳飞行后,我会立刻把水给您送过来,好吗?"

15min 后,飞机进入了平稳飞行状态。突然,乘客服务铃急促地响了起来,空姐猛然意识到:糟了,由于太忙,她忘记给那位乘客倒水了!空姐来到客舱,看见按响服务铃的果然是刚才那位乘客。她小心翼翼地把水送到那位乘客跟前,面带微笑地说:"先生,实在对不起,由于我的疏忽,延误了您吃药的时间,我感到非常抱歉。"这位乘客抬起左手,指着手表说道:"怎么回事,有你这样服务的吗?你看看,都过了多久了?"

接下来的飞行途中,为了弥补自己的过失,每次去客舱给乘客服务时,空姐都会特意走到那位乘客跟前,面带微笑地询问他是否需要水或者别的帮助。然而,那位乘客余怒未消,摆出一副不合作的样子,并不理会空姐。临到目的地时,那位乘客要求空姐把留言本给他送过去,很显然,他要投诉这名空姐。空姐心里虽然很委屈,但是仍然不失职业素养,显得非常有礼貌,而且面带微笑地说:"先生,请允许我再次向您表示真诚的歉意,无论您提出什么意见,我都将欣然接受!"那位乘客脸色一紧,嘴巴准备说什么,可是却没有开口。他接过留言本,开始在本子上写了起来。

等到飞机安全降落,所有的乘客陆续离开,空姐本以为这下完了,没想到,等她打开留言本,却惊奇地发现那位乘客写下的并不是投诉信,相反,是一封给她的热情洋溢的表扬信。在信中,空姐读到这样一句话:"在整个过程中,你表现出的真诚的歉意,特别是你的12次微笑,深深地打动了我,使我最终决定将投诉信写成表扬信。你的服务质量很高,下次如果有机会,我还将乘坐你们这趟航班。"

1. 分析作为服务人员文中的空姐做得出色的地方有哪些。
2. 讨论:微笑给他人和自己带来的好处。
3. 说明真诚的微笑对珠宝首饰销售人员的重要性。

单元四 珠宝首饰销售店铺

任务一 珠宝首饰店铺的业态类型

学习目标

通过本任务的学习,学习者能够区分珠宝销售店铺的种类。

知识要求

一、百货商店——珠宝首饰专柜

百货商店是指经营包括服饰、首饰、化妆品、装饰品、家电、家庭用品等众多种类商品的大型零售商店。它是在一个大型建筑物内,根据不同商品类型分设销售区域,采取柜台销售和开架销售等方式,注重服务功能,满足目标顾客追求生活时尚和品位需求的零售业态。百货商店具有以下特点。

(1)选择建在市、区级商业中心或历史形成的商业集聚地。

(2)目标顾客以追求时尚和品位的流动顾客为主。

(3)营业面积在 6 000～20 000 m^2 之间。

(4)商品结构为综合型,品类齐全,以服饰、鞋帽、箱包、化妆品、家庭用品、家用电器为主。

(5)采取柜台销售和开架销售相结合的经营方式。

(6)注重服务,设有餐饮、娱乐等服务项目和设施。

(7)管理信息系统应用程度较高。

珠宝首饰在百货商店的销售区通常与钟表一起设在一楼,不同品牌的珠宝首饰设置不同的专柜。通常销售人员为珠宝公司内部销售人员或由百货商店统一招聘培训,接受百货商店和珠宝首饰专柜的双重领导及管理。

二、珠宝首饰专营店

专营店是指专门经营或授权经营制造商品牌，适应顾客对品牌选择需求和中间商品牌的零售业态。专营店通常具有以下特点：①选址在繁华商业区、商业街或百货商店、购物中心内；②营业面积根据经营商品的特点而定；③销售的商品具有销售量小、品质优、毛利高的特点；④店内的陈列、照明、包装、店面广告考究；⑤采取定价销售和开架销售的经营方式；⑥从业人员通常具备丰富的专业知识，并能提供与经营商品相关的专业服务。

上述的专门经营和授权经营，通常包括以下几种类型。

1. 自由连锁

自由连锁是指各店铺均为独立法人，各自的资产所有权关系不变，在公司总部的指导下共同经营。各成员店使用共同的店名，与总部签订有关采购、销售、促销等方面的合同，并按合同开展经营活动。在合同规定的范围之外，各成员店可结合自身的优势，开展经营活动。根据自愿原则，各成员店可自由加入连锁体系，也可以自由退出。自由连锁有以下特点。

(1) 成员店铺保持自己的经营自主权和独立性。

(2) 有强有力的总部机构，并要求全体成员在总部领导下统一经营。

(3) 连锁经营的最终目的是降低店铺的经营成本，提高店铺的经营效益。

2. 特许连锁

特许连锁指特许人将自己所拥有的商标、商号、产品、专利和专有技术、经营模式等以特许经营合同的形式授予受许人使用，受许人按合同规定，在特许人统一的业务模式下从事经营活动，并向特许人支付相应的费用。由于特许店铺的存在形式具有连锁经营统一形象、统一管理等基本特征，因此也称为特许连锁。特许连锁具有以下特点。

(1) 总部和加盟商是直接合同关系。双方所履行的合同是正式的招标合同，即合同不是双方协商制定的，而是由总部单方面先期拟定出统一的合同内容，提供给众多希望参加这一系统的经营者，以对方同意合同内容作为条件来选择加盟店。

(2) 合同规定总部给予加盟商的权利和对此承担的责任，同时也规定加盟商必须承担的义务。合同的具体内容必须包括总部允许加盟商使用商号、商标等营业象征和提供相应的经营技术以及服务。加盟商必须投入必要的资金，并在总部的统一领导下经营。

3. 直营连锁

直营连锁是指店铺均由公司总部全资或控股开设，在总部的直接领导下统一经营。总部对各店铺实施人、财、物及商流、物流、信息流等方面的统一管理。直营连锁作为大资本运作,利用连锁组织集中管理、分散销售的特点,可以充分发挥其规模效应。直营连锁具有以下特点。

(1)统一资本开设店铺。这是直营连锁与特许连锁和自由连锁之间最大的区别。直营连锁各店铺之间是以资本为主要连接纽带,资本又必须属于同一个所有者,即归属于一个联合组织或个人,由同一个投资主体投资开办店铺,各店铺不具备独立的法人资格。

(2)经营管理高度集中统一。连锁总部对各店铺拥有全部所有权、经营权、监督权,实施人、财、物与商流、信息流、物流、资金流等方面的集中统一管理,店铺的业务必须按照总部指令行事。

(3)在人事管理上,直营连锁各店铺的店长是雇员而不是所有者,所有店铺的店长均由总部委派。店长无权决定店铺的利润分配,因为整个连锁店铺实行统一的核算制度,各个店铺的工资奖金由总部依据连锁店铺制定的标准来决定。

三、珠宝首饰网络经营店

网络经营是通过互联网进行零售经营活动的一种形式。零售商在互联网上开设虚拟店铺、建立网上营销的网站,上网的顾客可以根据网址进入网站访问,浏览店铺的商品目录等各种商品信息,寻找到满意的商品后,可以通过发送电子邮件或在线直接交流向零售商订货,然后通过电子转账系统付款。零售商则通过邮寄或快递公司把商品送达顾客手中。

网上经营具有独特的优势。顾客可在短时间内访问所有店铺,并将各家商品进行比较选择,大大节省了购物的时间和费用。而且,网络店铺的商品种类非常多,不受店铺规模大小的影响。

任务二 营造珠宝首饰销售店铺氛围

★ 学习目标

通过本任务的学习,学习者能够针对珠宝销售店铺的情况给出销售店铺氛围营造的建议。

★ 知识要求

顾客的购买行为,都是发生在珠宝首饰店铺(如金店、银楼、金号、珠宝首饰专卖店、大型百货商场的珠宝首饰专柜)等购物环境中。顾客对珠宝首饰的选择过程,产生购买行为的决策过程,以及珠宝首饰销售人员对顾客的推销和劝导过程,都是发生在购物环境中的。因此,购物环境中存在的各种因素,对顾客的购买行为都会产生或多或少的影响。有些因素可以对顾客的购买行为起促进的作用,有些因素会对顾客的购买行为起消极的作用,有些因素会影响顾客对珠宝首饰产品的认知过程,有些因素会影响顾客对珠宝首饰产品的情感过程,有些因素会影响顾客对珠宝首饰产品的决策过程和购买后的评价过程。

衡量珠宝首饰店铺的促销工作是否有效的主要标准,就是看顾客在购物环境中的行为结果。顾客只要产生了购买行为,珠宝首饰产品就会经过购物环境这一媒介,从珠宝首饰产品的生产者手中转移到顾客手中。珠宝首饰店铺必须通过这一过程,来实现企业的利润。

一、珠宝首饰店铺环境与营销

珠宝首饰店铺环境与营销有着十分密切的关系。珠宝首饰店铺的经营规模有大有小。从经营场地来看,小的店铺营业面积一般有几十平方米,中等规模的店铺营业面积一般有几百平方米,较大规模的店铺营业面积达几千平方米。由于珠宝首饰产品不同于一般的商品,因此,无论经营规模大小,其内外环境都需体现出与珠宝首饰相匹配的高贵、典雅的韵味。那种粗俗简陋的装饰,只会使顾客丧失购买的欲望。具体的购物环境布局,可以分为外部环境和内部环境两部分。外部环境包括店铺的选址、店铺的门面装饰、店铺的周围环境等因素。内部环境包括店铺的内部装饰、柜台,以及商品的陈列方式、灯光的布置、橱窗的设计、POP广告的摆放和张贴等因素。

顾客进入一家珠宝首饰店铺后,便会对其内部环境进行观察。因此,珠宝首饰店铺的内部装饰,是顾客评判该店铺的第一印象。如果一家珠宝首饰店铺的内部环境经过精心的设计和装饰,而另一家珠宝首饰店铺的内部环境装饰粗俗简陋,显然前者促使顾客产生购买行为的可能性比后者要大。在对店铺内部环境观察后,顾客往往更注意能引起他们兴趣的事物。需要购买珠宝首饰的顾客,开始寻找他们所需购买的首饰类型和款式的柜台,找到柜台后,开始选择所需款式的珠宝首饰,并同时与珠宝首饰销售人员接触,顾客的购买行为便已开始。

二、珠宝首饰店铺的橱窗设计

珠宝首饰店铺的橱窗,是以珠宝首饰产品为主体,通过布置道具和装饰画面的背景衬托,并配合灯光、色彩和文字说明,进行珠宝首饰产品的宣传和介绍的综合性艺术形式。它对于珠宝首饰的店铺营销,具有极其重要的意义与作用。

在现代商业营销过程中,橱窗设计既是一种重要的广告形式,也是装饰店面的重要手段。一个构思新颖、主题鲜明、风格独特、手法脱俗、装饰美观、色调和谐的店铺橱窗,能够形象概括地向顾客推荐商品,起到指导消费、促进销售的作用。

橱窗是顾客最直接、最先看到的地方,橱窗效果的好坏,全凭在走过它的一瞬间,能否吸引顾客停留驻足,这种直观的效果远比其他媒体更实际、更有效。好的橱窗设计可以激发顾客的购买兴趣,促进顾客的购买欲望,增强顾客的购买信心。根据戴比尔斯公司(De Beers 公司)进行的调查结果显示,百分之八十成功售出的钻戒,都是顾客直接从橱窗中挑选出来的,这足以证明橱窗设计的促销作用。

橱窗的设计必须有新颖的创意,尤其是珠宝首饰橱窗,因为许多逛珠宝首饰店铺的顾客,有时并没有购物预算,但设计出色的橱窗,往往能使顾客与货品互相接触,令顾客对货品产生好感,直接刺激顾客的购买欲望。

1. 橱窗设计的基本方法

随着商品生产和科学技术的发展,商品橱窗反映的内容、表现形式、艺术手法、制作材料、制作工艺等方面,都有了很大的发展。尤其在表现形式和艺术手法上,不断推陈出新,使橱窗设计呈现百花争艳的局面。橱窗设计的方法不胜枚举。但是,店铺橱窗是一种天天与顾客见面的街头艺术,要获得成功的整体效果,不管采用什么样的设计方法,都必须注意迎合顾客的各种心理需求,以赢得顾客的喜爱,激发顾客的购买欲望,增强顾客的购买信心。为了充分发挥商店橱窗对顾客的心理影响功能,在橱窗设计中通常可以采用以下方法。

(1)充分显示商品,突出商品,以迎合顾客的选购心理。在店铺的橱窗内,陈列的商品是顾客最关心的视觉对象。大多数顾客观看橱窗的目的,是为了观赏、了解和评价橱窗内陈列的商品,为选购商品收集有关资料,以便做出购买决定。因此,在橱窗设计中要充分显示商品,突出商品,尽可能地把商品的优良品质或个性特征清晰地呈现在顾客面前。

(2)塑造优美的整体橱窗形象,给顾客以艺术享受。在橱窗的设计中,商品是第一位的,但随意的堆砌罗列难以吸引顾客。因此,橱窗设计必须认真研究橱窗整体的形象,运用各方面的艺术构思和多种艺术处理手段,以一定的艺术形式,确切地表达出商品的优良品质,提升商品的外观形象,使顾客能从橱窗中得到美的享受,较好地满足他们的审美需要。

(3)利用景物的间接渲染,满足顾客的感情需要。橱窗设计要强烈地吸引顾客,帮助顾客对橱窗主体留下较深的印象。需用以景抒情的艺术手法去体现主题,对陈列内容进行间接的描绘和渲染,使橱窗陈列独具特色,使观赏者从寓意含蓄的艺术构思中联想到美好愉快的意境,满足情感上的需要。

2. 珠宝首饰店铺橱窗设计的构思

珠宝首饰店铺橱窗设计的主要目的,是要把店铺中销售的珠宝首饰产品,醒目地展示在广大顾客面前,以激发顾客的购买欲望,并运用视觉艺术的技巧,来达到销售珠宝首饰产品的目的。因此,在构思珠宝首饰店铺橱窗设计时,应着重考虑以下因素。

(1)陈列品的选择。陈列品的选择必须与橱窗设计的主题相吻合,同时还必须考虑展示的陈列品的数量及体积的大小。如果是钻石首饰专卖店,则应以钻石为主,突出钻石首饰的特点;如果是翡翠首饰专卖店,则应以翡翠首饰为主。总的原则是根据店铺销售的需要,突出各种不同类型珠宝首饰的特点,以及它们的组合特征。

(2)可供运用的空间。设计珠宝首饰店铺橱窗时,必须充分考虑橱窗空间的大小及位置,在有限的空间内,利用巧妙的构思和精心的设计,辅之以色彩的搭配、装饰物的摆设和灯光的使用,使有限的橱窗空间尽展珠宝首饰的高贵与典雅,吸引顾客驻足停留,充分发挥其街头广告的作用。

(3)橱窗设计的创新意识。橱窗设计是否新颖突出,与设计者的构思有着极为密切的关系,而橱窗设计的优劣,与店铺的形象及销售又有着紧密的联系。因此,珠宝首饰店铺的橱窗设计,一直是世界上许多著名珠宝首饰品牌非常重视的事情。例如,位于美国纽约第五大道最繁华路段的著名的 Tiffany&Co.,大门外两侧墙壁的面积,足足有 12 个大宽银幕那么大,而它的橱窗却仅仅只有一个手提公文箱那么小,里面只摆放了一件首饰。无疑,墙壁与橱窗颜色的对比、氛围、比例及格局,都是经过艺术家精心设计制作的,一种神秘之感油然而生,吸引众多的过往行人驻足探秘。

3. 珠宝首饰店铺橱窗的装饰

要创造出理想的视觉效果,发挥吸引顾客及激发顾客购买欲望的作用,必须对橱窗进行装饰。通常,可以从以下几个方面加以考虑。

(1)构图。橱窗的构图要均衡和谐、层次分明、排列新奇、疏密有致,形成一个统一的整体。一般应遵循均衡、统一而又不单调的原则。均衡是指橱窗设计中,各个部分所占的比例适当,使橱窗看起来美观和谐。采用的方法有对称均衡和不对称均衡,不论采用何种设计方法,橱窗的主体构图,即反映的主题,必须集中在所选择设计的轴心上。统一而又不单调,指的是橱窗设计的主题与陈列品之间和谐的关系。运用主次对比、大小对比、远近对比等艺术手法,使构图能把各种物象有机地相互联系起来,显得稳重而不呆板,和谐而不单调,富于变化而不紊乱,给顾客鲜明又和谐的视觉印象。因此,在构图时要做到在橱窗的平面布局上,处理好商品的穿插组合、前后关系;在橱窗的主体布局上,处理好商品的远近排列、空间均衡;在橱窗的整体布局上,力求层次清楚、重点突出,在变化与统一的协调中,保持橱窗构图的整体性,从而使构图疏密对比、虚实相生,取得较好的透视效果,给顾客以深远舒展、轻松活泼的感受。

(2)颜色。前面我们已经讨论过有关颜色对人的心理感觉产生的影响,在珠宝首饰店铺的橱窗设计中,同样也存在着颜色的调配问题,其中最明显的是冷、暖色调的变化。红色、橙色和黄色等属暖色调,蕴含动感和活力,给人以豪迈、奔放的感觉,会使人产生物体比其实际体积大的感觉。蓝色、绿色和蓝紫色等属冷色调,能营造出庄严的氛围,给人宁静平和的感觉,会使人产生物体比其实际体积小的感觉,并会影响观众对物体的观感。除了冷、暖色调外,各种颜色中还包括中性色调,如白色、棕色、棕灰色、灰色和黑色等。白色是由各种颜色混合而成的色彩,在各种颜色中,白色反射光的能力最强,给人开阔宽敞及清晰明朗的感觉,能使人感到轻快、无拘无束。黑色能遮盖其他色彩,反射光的能力最弱,给人高贵而神秘的感觉,营造出庄严、隆重的氛围。其他中性色调的颜色(棕色、棕灰色、灰色)亦能给人较庄严及典雅的印象。

(3)灯光。灯光是橱窗中必须具备的,它能突出橱窗内的各项陈设,为橱窗设计增添活力,发挥积极的促销作用。一般来说,布置橱窗的灯光照明时,必须注意以下几点:①应尽量利用隐蔽光源,避免产生刺眼的灯光;②所有灯光应集中照射橱窗内的陈列品,不应分散照射到橱窗外;③灯光强度必须足够,以减小受外来光线的影响。

此外,对灯光类型的选择也必须高度重视。白炽灯光及聚光灯的光线,能显现最理想的照明效果。这类灯光制造的阴影,效果较好,且明暗对比较适中,如果阴影太强,会导致放置在焦点外围的陈列品失色。因此,在设计橱窗灯光时,必须注意避免出现这种情况。对于珠宝首饰橱窗的装饰,还必须尽量避免使用有色灯光。

橱窗内设置灯光后,会令橱窗内的温度升高,因此必须注意适当调节橱窗内空气的流动,避免由于橱窗内外的温度差,造成蒸汽附着在橱窗玻璃上,使橱窗模糊不清。此外还需注意,在增强橱窗内的灯光前,必须先确定供电系统能否负担额外增加的功率,以避免发生不必要的意外事故。

(4)背景。珠宝首饰店铺的橱窗,一般以中性色调为主要背景色调,至于具体应该选择何种材料制作背景,则需视橱窗设计的主题而定。用于制作橱窗底台、背板及两侧最常见的材料,包括以下几种:①天然或合成木板;②油漆或反光漆;③石材,如大理石或花岗石,粗糙的或经切磨抛光的均可;④布料,一般采用较厚的布料,如粗麻布、亚麻布及毛线等,由于不易磨损且经常使用,丝绒等则较适合用来营造柔和典雅的氛围;⑤纸张,由于纸张的价格相对较低,而且容易更换、色彩多样,因此使用纸张作装饰材料,可以创造出更多的变化,因而橱窗设计中经常采用皱纹纸及墙纸等;⑥地板,通常适用于覆盖橱窗底台、背板及两侧;⑦塑胶板,各种颜色、光面的或粗面的均可采用;⑧油布,一种经过特别处理的防水布料,也经常被用作背景材料。

无论选用何种衬底材料,必须注意的是橱窗设计的首要目的是突出陈列的商品,应注意陈列品与背景底台、橱窗其他部分的和谐统一,令橱窗设计外观和谐,陈列品突出,引人注目。

(5)装饰品。珠宝首饰店铺橱窗装饰品的主要功能是增添橱窗的色彩和韵味。可供使用的装饰品种类繁多,采用何种装饰品应视橱窗设计的主题而定。可供选择的橱窗装饰品有以下几种:①工艺品,包括陶器、瓷器、挂饰、雕塑、皮革制品、草织制品、首饰盒、招贴画、切合设计主题的照片等;②衣饰,包括手套、帽子、手帕、手提袋、钱包等;③乐器,包括小提琴、长号、笛子等;④工具,包括直尺、圆规、彩色笔等;⑤其他种类,包括精美的矿物晶体、奇石、水果、花卉、盆景、根雕等。

在橱窗内铺设装饰品的主要原则是装饰品需衬托出设计主题,并能突出所陈列珠宝首饰品的美感,加强设计的视觉效果。装饰品铺设得恰到好处,可以起到"画龙点睛"的作用,否则会有"画蛇添足"之感。

(6)陈列套装。陈列套装指的是一组预制的工具,能烘托陈列品,并能充分展示陈列品的优点和特色。陈列套装可采用各种不同材料加工制作,形状和款式多样。设计珠宝首饰橱窗时,除可以选购预先制作好的陈列套装外,也可以根据设计的需要,特制配合各种主题或推销目标的陈列套装。

4. 珠宝首饰店铺橱窗的标识

独具匠心、颇有创意的橱窗设计,如果缺少了具有说服力的宣传信息,是无法充分发挥宣传和促销作用的。因此,橱窗内必须配有宣传和促销的立意鲜明的广告用语,以便更好地吸引顾客进入店铺观赏及购买珠宝首饰。

为了突出宣传品牌,许多橱窗的正面或最显眼的位置,都会被贴上品牌名称及标志,以给顾客留下深刻的印象。橱窗内的广告语必须精练浓缩,具独特创意的橱窗设计配以独具匠心的广告语,是刺激消费、拓展销售的良好策略,也是建立店铺良好形象、突出推销主题、配合广告宣传等的有效工具。如在许多珠宝首饰店铺的橱窗内,都可看到 De Beers 公司为拓展中国的钻石消费市场所推出的"钻石恒久远,一颗永留传"的广告语,在云南昆明等地的一些珠宝首饰店铺橱窗中推出的"到云南,买翡翠"的广告语,在我国著名的珍珠产地广西合浦推出的"西珠不如东珠,东珠不如南珠"的广告语等。

此外,在橱窗内相应的陈列品下方还可设置一些展示牌,展示牌中可详细地列出宝石名称、产地、质量及价格等具体信息,让顾客一目了然,起到"桥梁"的作用。展示牌上的宣传语句必须与橱窗设计主题互相呼应,内容必须有趣,题材新颖、独特,语句简明,更能突出陈列品的独有品质。例如,展示牌的顶部显示店铺名称,下方则注明出售该陈列品的所在部门,中间则可传达推销的有关讯息。如果是以推销钻石首饰为主,则橱窗的设计应以钻石首饰为主题,可布置陈列结婚钻戒、结婚钻石套戒及浪漫的结婚照片等。

在橱窗内放置图片的主要目的,就是要引起路人驻足观赏橱窗的兴趣,加强橱窗设计的可观赏性,发挥销售点广告应有的效果。展示牌上传达的推销讯息必须准确无误,字数应尽可能减到最少。字体的字迹清楚、大小适中,应在3m内清晰可见,字体的选择也应与橱窗设计的主体相吻合,男士陈列品的橱窗一般以粗线条的文字为主,女士陈列品的橱窗一般以细线条的文字为主。

5. 珠宝首饰店铺橱窗设计的主题

珠宝首饰店铺橱窗设计要能更好地发挥促销作用,必须具有主题。橱窗内的各种装饰也必须突出主题,没有主题的橱窗设计就好比没有旋律的音乐,缺乏吸引人的内容。珠宝首饰店铺橱窗设计的主题,是推销珠宝首饰产品不可缺少的因素,顾客可通过橱窗陈列表现的主题,来认识珠宝首饰产品的卓越功能,从而起到在顾客心目中留下深刻印象的作用。通过橱窗设计所表现的主题将珠宝首饰产品与顾客紧密联系起来。

珠宝首饰是一种高档耐用的消费品。它们的价值在于能让拥有者感到自豪,佩戴之后能装饰仪容,体现气质,增强美感,同时还兼具投资、保值的作用,但是,珠宝首饰一般价格较高,购买珠宝首饰与顾客的经济收入水平有着密切的联系。根据珠宝首饰产品的特性可知,珠宝首饰消费的可替代性较强,在销售过程中特别需要运用促销手段。因此,主题鲜明的橱窗设计能在顾客心目中留下特定的产品印象,间接地说服顾客做出购买决定。

1)珠宝首饰橱窗设计的主题选择

适合用作珠宝首饰店铺橱窗设计的题材种类繁多,如文化风俗、历史事件、自然景象等构思主题,只要能刺激顾客观感、引发顾客联想的事物,均可提供设计构思。但重点应该是对商品的诉求及顾客的情感,应紧紧围绕顾客的需求来选择主题。

(1)季节变化。一年四季的变化是珠宝首饰店铺橱窗设计的一个永恒的主题。由于季节的变化,人们的服饰也会发生一定的变化。如在春天来临之际,春回大地、生机盎然,最能象征春天来临的宝石,首推绿色系列宝石,因为绿色是最能展现春天的颜色。因此,在橱窗设计中应尽可能地展示绿色系列的各种宝石,如祖母绿、翡翠、翠榴石、绿碧玺、橄榄石、绿玉髓等。

(2)时装潮流。为了感受时装潮流的变化,紧跟珠宝首饰佩戴时尚潮流,橱窗设计可以强调每位顾客都可以拥有与服装相匹配的首饰。时装有季节变化和潮流之别。以此类推,也可以设计出与时装相配的珠宝首饰。有关资料显示,在消费品中珠宝首饰的年销售额在世界范围内仅次于时装,列第二位。因此,珠宝首饰设计顺应时装潮流,是较能吸引顾客的一个创意,可以增加珠宝首饰的销售量。在具体操作中,可以借用时装的有关图片,再把珠宝首饰与各款时装搭配,评定其效果,借助时装与首饰的搭配效果来开拓市场。在这个过程中,需特别留意男士时装与首饰的搭配,不能忽略这个方面,因为男士佩戴首饰的习惯正在逐渐普及。

(3)自然景象。自然景象是珠宝首饰店铺橱窗设计又一个创意和灵感的源泉。自然界中充满了各种色彩、图案,不同的季节有着不同的自然景观,如品种繁多的动物、色彩斑斓的矿石等,都可作为珠宝首饰橱窗设计的创作源泉。

(4)文化风俗。不同的文化风俗也可以引出无穷的创意。不同民族的工艺及风俗,往往能激发顾客观赏的兴趣,同时也能为设计出独特的珠宝首饰店铺橱窗带来灵感。

(5)科学内容。珠宝首饰的化学成分、矿物成分、资源特征、物理化学性质、保养知识等,均可作为橱窗设计的主题。在橱窗中还可以设计陈列不同切磨阶段的宝石,向顾客展示宝石切磨的基本过程,引领顾客进入"宝石世界";也可以展示一些宝石的成因和资源分布的文字、图片资料,普及珠宝知识,提高顾客的鉴赏能力,让顾客的求知欲得到满足。

(6)怀旧或历史事件。怀旧或具历史性的主题与现代事物互相对比衬托,是珠宝首饰店铺开业或周年庆的理想背景主题。可在橱窗中陈列店铺开业时的照片,再把开业以来企业发展的历程,用文字和图表的形式告诉顾客,以提高店铺的知名度,吸引顾客来店铺观赏购物。著名的历史事件和有影响力的公众人物,也可用作珠宝首饰店铺橱窗设计和陈列的主题。

此外,切合橱窗主题内容的广告语,也可起到较好地吸引顾客的作用。如在以心形琢型设计的钻石首饰作为主要陈列品的珠宝首饰橱窗中,配以"我心如磐石,专为你恒久"的话语,会起到良好的广告宣传效果;也可在中性色调的底台上,突出红色心形图案背景,展示心形首饰,这也是一种很有新意的橱窗设计主题。

2)珠宝首饰文化与橱窗设计

珠宝首饰文化与珠宝首饰店铺橱窗设计有着非常密切的联系,如与月份相关的"生辰石"文化、中国传统的玉文化、玉雕图案的吉祥文化、某种宝石的传奇历史等都可作为珠宝首饰店铺橱窗设计的主题。

三、珠宝首饰店铺的 POP 广告设置

设置制作精良的 POP 广告是珠宝首饰店铺促进顾客产生购买行为的最佳工具,它能代替珠宝首饰销售人员传达商品信息。

POP 广告设置在购物现场,有助于唤起顾客潜意识中对商品的记忆;也可向顾客传递许多商品信息,无形中起到了推销员的作用;优美的 POP 广告,还可以美化购物环境。许多现代化的企业,都投入较大的人力和物力,设计制作精美的 POP 广告,而许多生产商也把购物环境中的 POP 广告作为推销产品的一着"妙棋",把大量的广告费投放在 POP 广告方面。如 De Beers 公司为了开拓中国的钻石消费市场,无偿地为许多珠宝首饰零售企业(店铺)提供制作精良、印刷精美的 POP 广告,在 POP 广告中,介绍钻石的基本知识和保养方法,以及与钻石有关的一些文化内容,以达到良好的宣传和促销作用。

四、店铺内部环境与营销

1. 店铺内部环境设计

理想的店铺应该尽可能地为顾客提供舒适的购物环境,使顾客得到最大限度的满足,让顾客购物后得到满意的购物体验,并能把这种良好的体验传达给其他的顾客,从而把店铺良好的企业形象和优质的服务通过口碑传播出去。对于珠宝首饰店铺来说,要达到这样的效果,内部设施的布置、销售人员的服务质量、店铺提供的服务等,都必须是高质量的,只有这样才能吸引顾客,并给他们留下良好的购物印象。

珠宝首饰店铺应是经营者或经营品牌风格的生动体现,是产品或经营理念的表达。珠宝首饰店铺的内部装饰,包括柜台的布置、墙壁、地板、天花板的设计,以及内部照明灯光、声响、气味、温度和湿度的调节与控制等内容。精细入微的品牌与店铺设计,是零售成败的关键之举,对珠宝首饰经营者来说尤其如此。

珠宝首饰的购买是以情感因素的驱动为基础的。因此,对珠宝首饰店铺进行内部设计时,必须时刻牢记这一点。良好的内部装饰对促进顾客的购买行为和提高经营效率是非常明显的。一方面,它能更好地调动顾客的感官,使他(她)们在观赏和选购珠宝首饰产品的过程中,感到典雅、舒适、和谐,始终保持兴致勃勃的情绪,从而促进购买行为;另一方面,它也能使珠宝首饰销售人员精神饱满、情绪高涨、服务热情,从而提高工作效率和服务质量。

由于珠宝首饰产品的特殊性,珠宝首饰的使用价值在很大程度上是由人们的主观认识所赋予的。其使用价值的体现是需要顾客自己去感受和领悟的,再者珠宝首饰使用价值的真实性,也是需要珠宝销售人员适当地展示,并得到顾客

认可的。因此，珠宝首饰店铺销售环境的设置，必须围绕上述目标服务。为满足顾客对珠宝首饰的好奇心，可布设一些未经切磨、修饰的宝石原石与图片；为调节顾客的良好心态，可选择用不同的色彩布置环境，冬、春两季选用淡橙红色、浅黄色等，营造明媚、温暖与活跃的氛围，夏、秋两季选用淡蓝色、蓝灰色，带来一片清凉和一份惬意；为淡化商业气息，强化浪漫气氛，店铺可播放抒情的轻音乐等。但需注意的是，这方面的布置切不可喧宾夺主，这些布置都是为营造良好的购物气氛服务的。

2. 店铺颜色的调配

不同的色彩可以引发人们不同的联想，产生不同的心理感受。一般来说，蓝色是智慧、安静的象征，能给人寒冷、冷淡的感觉；紫色是高贵、威严的象征，能给人以神秘的感觉；红色是热情、喜庆的象征，能给人以活泼、热闹的感觉；绿色是青春、生命的象征，能给人以恬静、新鲜的感觉；白色是纯真、洁净的象征，能给人以神圣的感觉；黑色是严肃、悲哀的象征，能给人以文雅、庄重的感觉等。

此外，各种颜色的不同混合，或在不同光源照射下产生的色彩效应，也能给人以不同的心理感觉。例如，玫瑰色给人以华贵、高雅的感觉，嫩绿色给人以恬静、柔和、明快的感觉，橘黄色给人以兴奋、庄严的感觉。颜色因光波的长短，可以产生不同的色彩，对人的视神经产生不同程度的刺激，可以直接影响顾客的购买心理，并由此引起顾客的情绪变化。例如，红色的刺激性较强，会促使人的心理活动趋向活跃，让人激情高涨；蓝色的刺激性较弱，会促使人的心理活动趋向平静，控制情绪发展，使人安宁。颜色调配过分艳丽，会使人产生不安全的感觉，情绪烦躁；颜色调配过分素淡，会使人产生疲乏的感觉，情绪低落。

因此，商店内部装饰颜色调配是否得当、宜人，对顾客的购买活动与珠宝首饰销售人员在销售工作中的情绪调节，具有现实意义。颜色调配得当，可以促进顾客的购买欲望，起到事半功倍的效果，反之则事倍功半。

3. 店铺的内部照明

珠宝首饰店铺的内部照明可分为基本照明和特殊照明两类。基本照明能保证顾客清楚地观看、辨认珠宝首饰产品。设置的照明系统一般布置在店铺的顶部（天花板），以白色灯光为主。基本照明除了给顾客提供辨认商品照明之外，基本照明的不同灯光强度，也能影响人们的购物气氛。一般来说，在店铺最里面配置最大光度，前面和侧面光度次之，中部光度最小。基本照明的这种比例配置，不仅可以增加店铺空间的有效利用，使店铺富有朝气，还可以使顾客的视线本能地移向店铺明亮的内部，吸引顾客从外到内把店铺走遍，并始终保持较大的选购兴趣。

特殊照明是为了增加珠宝首饰柜台的光度所配置的,对于珠宝首饰店铺来说,特殊照明是非常重要的,通常使用柜台内的 LED 灯和柜台上方的吊灯等照明设备定向照射。灯光的方向,应该尽量使顾客看到珠宝首饰表面的反射光。

无论是不透明宝石的表面反射光,或是具有特殊光学效应(星光效应、猫眼效应、月光效应)宝石的表面反射光,还是透明宝石的全内反射光(如钻石的火彩等),都是由反射光形成的。配置这样的照明系统,不仅有助于顾客观看、欣赏、选择比较,还可以显示出珠宝首饰产品的珠光宝气,再加上珠宝首饰本身所特有的光泽,起到交相辉映的作用,完美展示珠宝首饰产品的高贵及稀有。在特殊照明的设计中,应充分考虑珠宝首饰本身的特殊性。因为,大多数宝石都是有颜色的,应避免使用有色灯光照射宝石,以免使宝石本体颜色发生变化,同时也应避免在顾客观察的方向上产生刺眼的光效,从而影响到顾客的欣赏、选择与购买。

此外,在特殊照明系统的布置中,还应注意柜台灯光的颜色,例如,黄金首饰柜台通常不用日光灯而用白炽灯,因为日光灯的白光会减弱黄金首饰的黄色调,而白炽灯的黄光恰好会使黄金增色。又如,钻石首饰柜台和铂金首饰柜台,通常选用日光灯而不选用白炽灯,因为日光灯的白光会使钻石首饰和铂金首饰显得更闪亮,而白炽灯却会使它们显示出黄色色调来。再如,翡翠柜台也常用日光灯照明,因为在日光灯照射下的翡翠饰品会显得更加水灵。总之,适当色调的光源更能突出珠宝首饰的特点,使所售饰品与环境更加相得益彰。

综上所述,对珠宝首饰店铺来说,设计适当的照明系统是展示店容、树立店铺形象、宣传店铺、吸引顾客、方便选购的不可缺少的手段。对于品牌经营者来说,店铺的环境设计也是对品牌的一种宣传,品牌经营中的审美意识,恰恰反映了品牌所有者对自身的看法,也说明他们希望顾客如何理解看待他们的品牌。因此,珠宝首饰店铺内的设计并不仅仅是追求时尚的花色与材料,店铺设计应该准确地反映一个品牌的综合特征。

任务三　掌握珠宝首饰店铺的商品陈列

★ 学习目标

通过本任务的学习,学习者能够针对珠宝销售店铺的货品与柜台进行铺货。

★ 知识要求

店铺的商品陈列是一种综合性艺术,是广告性、艺术性、思想性、真实性、展示性的集合,是顾客最能直接感受到的商业时尚艺术。珠宝首饰不是生活必需品,但人们之所以购买是因为需要一种情感体验,因此在珠宝首饰销售过程中必须强调珠宝首饰的附加价值,例如用艺术的陈列展示来激发人们的情感,以激发人们的购买欲望。

在珠宝首饰陈列展示的过程中,陈列设计师不仅仅要展示商品,更需要陈列完美的生活方式。陈列设计师是整个品牌的形象塑造师,更是营造视觉享受的专家。

规则性的陈列可以使顾客获得轻松、便捷的购买过程,而通过色彩搭配、灯光照明和创意思维则使购物成为一种享受。这不仅将品牌的商业诉求传达给了忠实或潜在的顾客,也为人们的生活提供了一个美轮美奂的艺术空间。

陈列设计过程中还需要考虑到文化的影响,陈列设计师是连接品牌文化和销售区域文化之间的桥梁。在陈列展示过程中,无论橱窗、卖场,都需要密切地结合当地人的生活,将品牌与那些潜在的顾客融合在一起。

商品陈列是一项专业性很强的工作,置身具有艺术美感的卖场,又有谁能抑制住前进的脚步和购买的欲望呢?在珠宝首饰陈列时,需要遵循的原则如下。

(1)从陈列的整体风格考虑,一般来说,陈列可以按颜色、款式、系列、促销、风格等分类。

(2)具体选择应根据店铺的面积与产品的主推风格而定,各有利弊。

利用这些原则,可以帮助企业从整体角度安排各系列产品,给予特色产品最显著的位置;怎样将不同种类的产品搭配在一起,以及如何处理色彩的搭配等具体问题,应服从于展示的目的,形式精练而内涵丰富的整体展示,就是要展示品牌的文化,促使销售的达成。

一、店铺陈列时应注意的问题

基于以上店铺内商品陈列需要遵循的原则,在进行卖场陈列设计时,至少要认真考虑三个问题。

1. 如何让顾客在店内或围绕柜台行走

如何吸引进入店内的顾客围绕着柜台行走,实际上是卖场商品如何配置的问题,也是店内空间布局的问题。商品布局要实现三个目的:一是让顾客在店内自然地行走,并且行走的路线正是店方所期望的路线,即所谓顾客流动路线的控制;二是让顾客了解店内商品位置,便于顾客选购;三是让顾客购物结束后感到满足并愿意再度光顾。实现上述三个目的取决于以下几项技术的应用。

(1)顾客流动路线的设计符合珠宝首饰产品展示的需求。

(2)通道的设计,特别是主通路的设计要适合柜台展示的需要。

(3)商品分类展示的位置符合不同类型购买者的要求,如反复购买商品者、冲动购买商品者、连带购买商品者等。

(4)POP 广告、灯箱、展橱、品牌形象 LOGO 展示合理规范。

2. 如何让顾客在柜台前停留

如何使店里的珠宝首饰商品吸引顾客,让行走中的顾客停下来,欣赏商品、试戴商品并最终购买商品,这是商家必须研究和探讨的工作。其中需要考虑以下几个方面的问题。

(1)陈列的商品是什么?这些产品是否能吸引顾客?

(2)商品陈列的位置。

(3)商品陈列的形式。

(4)商品陈列的量以及陈列的面。

(5)商品的色彩组合。

(6)照明与 POP 广告。

3. 如何让顾客购买

商品陈列的原则是便于顾客欣赏、便于顾客挑选、便于导购拿取、便于顾客购买。根据顾客的购买心理,顾客在做出购买决策之前,触摸商品是必须经过的阶段。因此这就要求商家在注意展示、表现商品的同时,还必须考虑商品陈列的形状和开发,符合于顾客视觉的陈列用具。除此之外,为了吸引顾客购买,还必须考虑以下一些问题。

(1)商品的摆放位置是否主题突出?

(2)新商品、特卖商品的陈列位置及陈列形式是否符合要求?

(3)系列商品的陈列形式是否得当?

(4)商品和标签的陈列是否清晰、醒目?

(5)陈列道具是否整齐、洁净?

二、店铺常用的陈列构成法则

1. 对比式陈列

对比式陈列是指在珠宝首饰商品的色彩、质感和款式上,或是在设计构图、灯光、装饰、道具、展柜、展台的运用上,采用对比式设计,形成展示物间的反差,达到主次分明、相互衬托的展示效果,从而实现突出品牌产品、新产品、系列产品、独特产品、促销产品或专利产品等主要产品的目的。对比式陈列的特点是对比强烈、中心突出,视觉效果明显,大大增强被陈列商品的表现力和感染力。如果将各种不同颜色的宝石陈列在同一个柜台中,通过宝石不同的颜色变化,会产生较强的视觉冲击力。

2. 重复陈列

重复陈列是指同样的商品、装饰、POP等陈列主体或标识、广告等,在一定范围内或不同的陈列面上重复出现,通过反复强调和暗示性的手段,加深顾客对商品或品牌的印象。重复陈列的特点是使顾客受到反复的视觉冲击,从而在感觉和印象上得到多次的强化,并产生"该产品是唯一选择"的心理暗示作用,可使顾客留下十分深刻的印象。

3. 对象陈列

对象陈列是通过突出产品的功能、特点,利用广告、道具和移动造景手段等吸引产品的目标顾客,使展示和宣传具有明确的目标,并且可以加强与顾客的沟通,有助于提高产品同顾客的认可度,达到引起顾客兴趣和好感的作用。对象陈列的特点是目标明确、主题突出、标志性强、影响力集中,使顾客具有归属感和亲切感。

4. 层次性陈列

层次性陈列是将不同的宝石,按照一定的分类方法,划分层次依次摆放,使顾客能迅速确定自己的购买目标,方便快捷地进行选择和购买。例如,层次划分方法有:①时尚产品、畅销产品和长销产品;②高档产品、中档产品和低档产品;③系列产品、成套产品和单件产品;④主要产品、配套产品和服饰配件;等等。层次性陈列的特点是分类清晰、主次鲜明、标识突出,可以吸引不同类型的顾客,方便顾客比较和选择,容易营造出热烈的气氛。

5. 场景陈列

场景陈列是指利用商品、饰物、背景和灯光等,共同构成不同季节、不同生活空间、不同自然环境及不同艺术情调等场景的一种陈列。场景陈列给人一种浓烈的生活及艺术氛围。使用场景陈列时要注意现实感的体现和情调、气氛的营造,并且要强调艺术性和创新性,使人既得到启发和审美的享受,又有身临其境之感。场景陈列要生动、形象地说明首饰商品的用途、特点,从而对顾客起到指导作用。

6. 连带式陈列

连带式陈列是将相关的商品放在一起进行陈列,例如:戒指、吊坠、手链以及其他相关的饰品,可以作为成套的系列商品进行连带陈列。这样可以有效地进行对比和选择,从而使顾客产生成套购买的想法。但要注意的是连带式陈列在款式、色彩、风格、质量价位等方面务必做到协调、有序,可以快速地进行组合、搭配,并且在位置、方法上体现出商品的主次,兼顾整体性、协调性和层次感的协调与统一。

7. 广告陈列

广告陈列是指用平面广告、各种类型的POP、现场播放的影视广告和语音广告来强调广告效应的陈列方式。广告陈列一般比较适合品牌珠宝促销的产品,以及利用设计师或形象大使进行宣传推广的产品。这种方法主要起到广告宣传的效果,其目的是吸引顾客对珠宝品牌或商品特点的关注,加深顾客对品牌的理解,并使顾客产生极为深刻的印象。广告陈列的特点是形象生动,具有视觉冲击力和强大的宣传推广作用,有利于形成品牌联想和加强对品牌的认知。

8. 对称法

卖场陈列中的对称法,就是以一个中心为对称点,两边采用相同排列方式,给人以稳重、和谐的感觉。这种陈列形式的特征是具有很强的稳定性,给人以一种有规律、有秩序、安定、完整、平和的美感。由于对称法的这些特征,因此在卖场陈列中被大量应用。

对称法不仅适合比较窄的陈列面,同样也适合一些大的陈列面。当然在卖场中过多地采用对称法,也会使人感觉到太过四平八稳,而缺少生机。因此,一方面对称法可以和其他陈列形式结合使用;另一方面,在采用对称法的陈列面上,还可以进行一些小的变化,以增加陈列面的变化。

9. 均衡法

卖场陈列中的均衡法,则是打破了对称的格局,通过对饰品的陈列方式、位置的精心摆放,来重获一种新的平衡。均衡法既避免了对称法过于有规律、稳重的感觉,同时也在秩序中重新营造出一份动感。另外,卖场中均衡法常常是采用多种陈列方式组合,一组均衡排列的陈列面常常就是一组系列的产品。所以,在卖场用好均衡法既可以满足货品排列的合理性,同时也给卖场的陈列带来几分活泼的感觉。

三、珠宝柜台布置的基本要求

柜台布置的基本要求主要包括以下方面。
(1)方便顾客的浏览和选购。
(2)便于货品的陈列。
(3)与整体购物环境相协调。
(4)方便顾客的行动。
(5)便于珠宝首饰销售人员拿取货品。

(6)能有效地利用营业空间增加展示所销商品的机会。

柜台的布置与摆放还会影响到顾客流动的空间与走向,空间太小则会产生拥挤感,空间太大则会产生空旷或清冷感。

珠宝首饰货品在柜台中如何摆放才更能适应顾客的心理需求,同时也更能衬托出珠宝首饰的高贵与精美,这是珠宝首饰店铺销售中必须要考虑的问题。一般来说,对摆放珠宝首饰货品的托盘的色泽,应根据不同的珠宝首饰品种有所选择,以衬托出珠宝首饰的魅力。例如,鲜艳的黄色可突出灰蓝色蓝宝石中的蓝色调,橙色可使红宝石的颜色显得更红,淡粉红色可使颜色偏浅的海蓝宝石的蓝色更富有韵味,黑色、蓝色与紫色是钻石摆放的最佳背景色等。此外,同一珠宝首饰品种的摆放,宜集中而不宜分散,分散摆放似乎可以方便珠宝首饰销售人员的销售工作,但是实际上却忽视了同类首饰的集中摆放对顾客产生的震撼力。对于顾客来说,货品的这种集中摆放所产生的震撼力,对顾客购买活动中产生的"第一印象"是非常重要的。对同种类型、同样款式的珠宝首饰的陈列,宜少不宜多,因为同种款式的首饰多了容易给顾客以重复之感,从顾客心理角度分析,这种感觉对顾客的购买活动会造成一定的影响,甚至会抑制顾客的购买行为。

课后训练

1. 实训目的

通过本次实训,使学习者掌握珠宝首饰柜台铺货的原理和方法,掌握销售店铺的销售氛围营造方法。

2. 实训要求

以小组为单位针对珠宝首饰店铺开业两周年这一活动,对珠宝店铺的橱窗、柜台、内部装饰进行设计和改造。

3. 实训材料

珠宝首饰营销实训室、珠宝柜台、珠宝首饰、鲜花等装饰材料。

4. 实训步骤

(1)根据活动内容和要求设计珠宝首饰店铺橱窗、柜台及店铺内部装饰。

(2)对柜台进行铺货和装饰。

(3)对橱窗进行装饰。

(4)对店铺内部进行装饰。

5. 实训检验(表4-1)

表4-1 珠宝首饰店铺销售氛围营造评价量表

分数 项目	3分	2分	1分
店铺橱窗设计			
店铺柜台铺货			
店铺氛围营造			

单元五　珠宝首饰店铺安全

任务一　珠宝首饰店铺偷盗的预防与处理

★ 学习目标

通过本任务的学习,学习者能够:
1. 说明预防珠宝首饰店铺偷盗的方法以及预防内盗的方法。
2. 针对珠宝首饰店铺的具体情况提出预防偷盗的改进建议。
3. 解释珠宝店铺遇到偷盗事件的处理原则。

★ 知识要求

一、珠宝首饰店铺偷盗

珠宝首饰历来都是偷窃者眼中的主要目标。珠宝首饰具有极高的自身价值,且体积小,便于携带,一旦被盗,对于拥有珠宝首饰的个人或商家而言都会造成巨大的损失。珠宝首饰店铺属于开放性的公共场所,人员流动性强,所以珠宝首饰店铺的安全防护和管理,在珠宝首饰店铺营销中有着极其重要的位置。

店铺偷窃是指顾客或假装成顾客的盗贼偷盗珠宝首饰店铺内的商品。盗贼包括两类:一类是职业偷窃者,另一类是被好奇心或占有欲驱使的偶然偷窃者。

偷窃者的手法五花八门,但大部分还都是有迹可循的,根据珠宝首饰店铺偷窃者的行为特征,可以把偷窃者分为以下类型。

(1)套近乎型。这类偷窃者大多以购买大件货品为幌子,与珠宝首饰销售人员套近乎,吸引珠宝首饰销售人员的视线和注意力,在整个作案过程中不停地向珠宝首饰销售人员表达购买的诚意,让珠宝首饰销售人员处于高度兴奋的服务状态中。缺乏商业经验的营业人员会被这类顾客"牵着鼻子走",导致整个店面在无意中产生了防盗的盲点区域,待珠宝首饰销售人员降低警惕性后,偷窃者乘机实施偷窃。

（2）合伙型。一伙人进入店铺，每个人有明确的分工，在作案过程中互相掩护，有些甚至会撬开玻璃柜台实施行窃。有些则在不断地试戴过程中，混淆珠宝首饰销售人员视线实施偷窃。

（3）智能型。这类偷盗者熟悉店铺的作业流程，一旦发现某一薄弱环节，即刻实施偷窃，且不留下任何痕迹。

总之，不论偷盗者如何狡猾，手段如何多样，对于店铺内的营销人员来说，在工作时间内必须时刻提高警惕。店面应配备足够数量的珠宝首饰销售人员，增强协调配合的团队意识，准备各种联防措施。每个营销人员如果将这些细节工作都做到位，就能有效地制止各种偷盗行为的发生。

二、偷窃的防范

对于珠宝首饰店铺来说，防范店铺盗窃，应注意以下几个方面。

（1）对10 000元人民币以上的货品陈列专门柜台，并放置在有专人看管的相对安全的位置。

（2）对电视监控设备进行日常维护和检查，并使它保持足够的内存，能清晰地保存七天以内的录像资料。

（3）强化内部管理制度，要求珠宝首饰销售人员在接待顾客时，一定要坚持以"一物换一物"的原则，否则视为渎职行为。

（4）遇到明抢时，当事珠宝首饰销售人员应该大声地传递信息，发出求救信号，第一时间寻求周边人员的帮助。

（5）珠宝首饰店铺保安人员要定岗定位，各司其职。要随时注意周边顾客的购物情况，提高警惕性和警觉性。

（6）经常对珠宝首饰店铺员工进行防盗方面的专业培训，互相交流经验，取长补短，形成良好的员工工作氛围，使新员工能够尽快熟悉各类偷盗者的特点，一旦出现窃贼，应能及时发现、制止。

三、偷窃发生后的处理

珠宝首饰店铺一旦发生偷窃事件，由店铺经理（店长）或在场负责人在指定地点进行处理，同时应注意必须有两名以上的员工在现场做证，其中至少一名员工与行窃者同性别，便于处理有关事务。此外，还应注意以下几点。

（1）要求窃贼主动交出被盗物品，并放在桌面上，注意千万不能对窃贼搜身。对于拒不承认的窃贼，可通过进一步出示证据的方式，迫使他交出所盗的物品。

（2）要求窃贼写明事情的发生经过，并签名确认其陈述属实。

(3)对证据确凿的偷窃事件,店铺可根据自行订立的有关规定酌情处理,或送交公安机关依法处理,公安机关(警察)有权进一步审核事件证据。

(4)事后应对偷窃情况进行总结,反思珠宝首饰店铺经营活动过程中的监管漏洞,并制定相应的规章制度,以防止同样的事件再次发生。

四、防范店铺内盗

1. 把好员工入职关,加强培训教育

把好员工的入职关,加强对员工职业操守的培训教育,培养员工遵纪守法、爱岗敬业的工作作风,塑造良好的企业文化和店铺文化。不断地进行预防教育,采用学习规章制度、开会、警示教育等,其目的在于表明:①珠宝首饰店铺具有完善的管理制度和先进的监视系统;②员工应具备在珠宝首饰店铺工作的最基本的职业道德;③珠宝首饰店铺对员工的偷盗行为将会执行严厉打击及处罚,员工内盗将会给其本人带来严重的后果,如开除或承担刑事责任等。

2. 健全内部考核制度和内盗监督举报制度

珠宝首饰店铺应建立和健全内部考核制度,实行连带责任制,如发现某一小组人员中有内盗行为,则这一小组人员均要承担一定的责任,以此建立监督、检查机制,让所有的员工齐抓共管、互相监督,使员工牢固形成偷盗行为损害的不仅仅是店铺及自身的利益,同时也是同事的利益的认识。

建立完善的内盗举报制度,有利于警示存在侥幸和潜在偷盗心理的员工。建立珠宝首饰店铺内盗举报制度,应注意以下几点:①内部举报必须以实名举报为主,一般不接受匿名举报,珠宝首饰店铺对举报者的姓名、内容坚决予以保密;②可设立举报电话、电子邮箱等便利措施,接受内部员工的举报;③有相应的部门和机构对举报内容进行查证,并在规定时间内完成;④举报经查证属实者,对举报者给予一定的经济奖励,可根据举报案件所挽回的经济损失,决定奖励的具体数额。

3. 盘点检查常态化

珠宝首饰是贵重商品,加强商品的盘点检查是防范内盗的重要举措。通过建立这样的制度,能使员工产生强大的心理压力,起到防范作用。

4. 其他防范措施

珠宝首饰店铺防范内盗的措施还包括以下方面。

(1)检查现金报表。主要有现金日报表、现金损失报告表、现金库存表、营业状况统计表、换班报告表、营业销售日报表、营业销售月报表等。

(2)检查商品管理报表。主要有商品订货簿、商品进货统计表、商品进货登记单、商品调拨单、商品退货单、盘点统计表等。

（3）严格规定员工购物时间、方式及商品出入手续。

（4）严格规定员工上下班时间，从规定的出入口出入，并自觉接受检查。

（5）在特别重要的岗位，安装视频监控系统。

五、珠宝首饰店铺内部金库偷盗的防范

内部金库的失窃，一直以来是牵动珠宝首饰店铺中枢神经的重要一环，因为这意味着公司内部管理出了问题：是所聘用人员还是公司制度设计存在漏洞？再好的制度如果执行力度不够，总会有空子可钻，再完美的工作人员在一个制度不健全的企业里，也不会有好的工作状态。

从目前的管理模式来看，一家上规模的珠宝店人员配备不外乎"经理（店长）、柜长、珠宝首饰销售人员"。金库保险箱的管理如果委托一个资深店员全程管理，看上去工作落实到人，简化了工作流程，可一旦出现问题，企业无疑就把自己推到了被动的位置，丧失了对财务风险的防御能力。

如何正确地使用金库保险箱是一个被很多珠宝店铺淡化的问题。保险箱的开启和关闭更多的是依靠企业中可信赖的人，而不是一种公司制度的约束。设计一个适合企业的金库管理制度，让金库管理操作透明化、责权清晰才能有效预防犯罪，对案件的处理才能责任明确。仔细分析一下，如果按照以下的程序操作，将责权进行明确分摊，势必能将财物丢失带来的损失降低到最小。

（1）保险箱密码和钥匙应该分别交于不同当班的一个主管及一个资深珠宝首饰销售人员掌管，这样就确保了保险箱开启和关闭时两位店员同时在场，有效避免了一个店员的暗箱操作。

（2）清点保险箱内货品时务必做到主管负责制，对于封包货品确保做到两人签字确认。进出金库都必须有明确的时间记录，主管进行监督加签。关闭保险箱离开金库后注意打乱密码。

（3）保险箱开启之前，店员一定要确认周围的环境是否相对安全：店门是开是关？110报警器是否在正常工作中？监控是否能清晰显示图像？周围闲杂人员是否排除？只有确保全面的检查后才能进行下一步的开库工作。

（4）更换密码后须立即重新设定密码。

珠宝首饰店铺如能提高警惕，消除日常店铺工作的安全隐患及各种漏洞，注意将外联内防工作做到位，就能减少此类案件的发生。

任务二 珠宝首饰店铺抢劫的预防与处理

学习目标

通过本任务的学习,学习者能够:
1. 说明预防珠宝首饰店铺抢劫的方法。
2. 针对珠宝首饰店铺的具体情况提出预防抢劫的改进建议。
3. 解释珠宝店铺遇到偷盗事件的处理原则。

知识要求

对于珠宝首饰店铺营销来说,防范店铺被劫是一项十分重要的工作。由于珠宝首饰具有体积小、价值高、易携带等特点,容易成为歹徒预谋实施抢劫的敏感目标,因此预防抢劫是每个珠宝首饰销售人员的职责,必须时刻铭记在心。珠宝首饰店铺在营销过程中,有必要做好各项安全保卫工作,防止店铺被抢,而造成不必要的人员和财产损失。

一、抢劫的预防

在信息化时代,预防店铺抢劫事件发生,应遵循"技防与人防"相结合的原则。如在珠宝首饰店铺内,利用现代科学技术手段,安装报警系统、电视监控系统、门禁系统等设备,引入射频识别(RFID)技术(俗称电子标签),加强震慑力。

1. 报警系统

珠宝首饰店铺采用的报警系统应包括双鉴探测器、红外线对射、门磁、振动探测器和一台报警主机。任一防区可单独指定给任一子系统,当发生报警时,报警主机可以通过联动模块向电视监控系统发出报警信号,启动录像。发射主机在向接收主机 A 拨号的过程中,如遇该接收主机忙,则可改拨其他接收主机 B,保证报警信号不被遗漏。报警主机可以由本地电脑布防、撤防,也可以由指挥中心的专用电脑利用电话线远程遥控布防、撤防。每个报警系统还可与接警中心联网,一旦发生报警,可触发报警主机自动拨号,向中心传输报警信号、报警图像和报警前的图片,遇忙重拨。

2. 电视监控系统

珠宝首饰店铺内安装的数码录像机负责将现场的图像录制下来并存放在硬

盘内,一旦发生报警,可自动向指挥中心发送报警信息和图像。指挥中心可自由监控珠宝店端实时或报警图像,同时,也可以利用音频传输功能和现场进行双向通话。

在店铺出入口及店铺内各重要部位,须安装彩色固定摄像机,图像经分配接进硬盘录像机,在现场显示器上可显示单画面、多画面。回放时,只要告知所需查询的记录事件,图像能够立即定位,并以数字精度回放。录像时,采用智能方式进行录制。

摄像机可采用动态录像方法,即当摄像机监测区域有活动图像时自动录像,监测区域及活动灵敏度均可调,这样才能保证在不丢失图像的情况下,尽量减少误报,既能保证所有活动的图像都能记录下来,又能提高记录硬盘的利用率,延长记录时间。

当报警系统发生报警时,也可通过外部接口(报警系统发生报警)触发录像,以保证图像记录万无一失。

3. 门禁系统

在能进入防护区的所有出入口安装门禁系统(如指纹读卡机),在校验通过后再确认开门,从而更加有力地保证珠宝首饰店铺的安全。

4. RFID 技术

珠宝首饰商家还可采用 RFID 技术管理商场内的昂贵物品安全。如采用 13.56MHz RFID 标签和读卡器系统来跟踪货物和进行货物盘点操作,以期增加货物清算盘点的准确度,减少货物丢失等事件的发生次数。

除了上述技术预防手段外,同时也要加强人员预防,保持高度的警觉性,注意可疑情况。

(1)经常检查店铺门窗,保持门窗坚固耐久。同时采用保险性能好的门锁,做到无缝可入。

(2)保持店铺内光线明亮,POP 广告不宜悬挂、摆放和张贴太低,以免妨碍视线。

(3)当店铺内顾客稀少时,更要十分警惕,值班保安员不得随意离场。

(4)平时要加强对店员进行防抢教育和必要的训练,以防意外发生时积极应对。

(5)在早上刚开门或晚上即将关门这一时间段,要多留心,随时注意可疑情况,如 2~3 人结伴进店,服装、仪容不整的可疑人员,未熄火且停在店外很久的汽车,在门外逗留观察店铺内部的可疑人员以及在店内长时间逗留人员,尤其是对结伙男子要格外小心留意。

二、遇到抢劫时的处置方法

在珠宝首饰店铺遇到抢劫事件发生时应该遵循"以人为本"的原则，及时报警以确保顾客和店员的人身安全。如遇歹徒携带利器或凶器时，不做无谓的抵抗，以免造成不必要的伤害。

在不影响人身安全的前提下，要克服畏惧、恐慌情绪，冷静分析所处的环境，对比双方的力量，针对不同情况采取不同的措施。具备反抗的能力或有利时机出现时，应及时反击制服罪犯，使他丧失继续作案的心理和能力；利用熟悉的地形和身边可以自卫的武器与作案人僵持，争取时间，以引来援助者并给作案人造成心理上的压力。无法与作案人抗衡时，可把握时机向有人、有灯光的地方奔跑或大声呼救。在处于劣势的情况下，要首先保护自己的人身安全不受到伤害，而后及时报警。要注意观察作案人的特征，如相貌、衣着、身高、年龄、口音、体态、疤痕、车辆颜色、型号、车牌号码，记下发案地点和时间。总之，我们应尽可能地使柜台现金和珠宝首饰等财物的损失降到最低。

三、遇抢后的处置方法

店铺抢劫发生后，应立即向上级主管部门报告，并向公安机关报案；即刻填写歹徒特征表，为公安机关破案提供线索；谨慎保护案发现场，不要触碰歹徒曾经碰过的地方，以免破坏现场的完整性；待公安机关人员和上级主管部门负责人到达现场，并勘查完案发现场后，开始清点现金和财物损失情况；将抢劫过程写成书面报告，呈送上级主管部门存查。

任务三　珠宝首饰店铺消防事件的预防与处理

★ 学习目标

通过本任务的学习，学习者能够：
1. 说明预防珠宝首饰店铺消防事件的方法。
2. 针对珠宝首饰店铺的具体情况提出消防事件的改进建议。
3. 解释珠宝店铺遇到突发消防事件的处理原则。

知识要求

一、建立消防安全管理小组

突发火灾等消防事件，是珠宝首饰店铺必须加以防范的重要一环。突发的火灾多属于意外事件，因此情况紧急，处理需要专业知识，所以必须预先成立消防安全管理小组，对店员进行有组织的分工和专业培训，真正做到对突发事件有准备、有预防，这样在事故一旦发生时，才能够迅速、有效、有重点地进行灾中、灾后的抢救处理工作，将损失降到最低程度。消防安全管理小组通常由以下人员组成。

1. 安全管理小组组长

组长一般由珠宝首饰店铺经理（店长）或经理（店长）指派的人员担任，负责店铺日常的消防安全防范工作，全面指挥、协调现场的救灾工作，掌握全局事态的发展动向，并及时向上级有关部门负责人汇报。

2. 组长助理

一般由珠宝首饰店铺副经理（店长助理）担任，协助组长完成对突发事件的组织指挥工作，执行组长布置的各项任务，如负责对外报案及内外通信联络，负责切断所有电源，实施临场全面的救火指挥工作，控制灾情的进一步扩大。

3. 救灾组成员

救灾组成员主要负责各种救灾设施和器材的日常检查、维护、使用；负责水源的疏导、障碍物的拆除，以及其他救灾抢险任务。

4. 疏散组成员

灾情一旦发生，该组成员应立即通过店内广播，告知顾客尽快撤离店铺，并迅速打开各安全门和相关通道，帮助顾客疏散到安全地带。同时负责店铺周边的警戒，以防店铺物品被盗。

5. 医疗救护组成员

该组成员应进行过专门的紧急救护培训，一旦发生灾情造成人员伤病时，可以立即在现场展开救护工作。

二、珠宝首饰店铺火灾事故的防范

俗话说"水火无情""火灾猛于虎"，对于店铺经营来说，防火是十分重要的。珠宝首饰店铺在营销活动过程中，一定要时刻做好防火工作，加强消防安全管理,确保消防安全,消除消防隐患。其主要防范措施如下。

(1)严格按照国家规定设置消防设施、器材和疏散指示标志,将"人员疏散图"张贴在店铺内的指定位置,保持安全出口和疏散通道畅通。

(2)认真落实防火安全责任制,明确各岗位消防安全责任人及其职责,做到竭尽全力、各负其责,确保消防安全。

(3)定期开展防火检查,及时消除火灾隐患。营业期间坚持每两小时开展一次防火巡查。营业结束时组织全面检查,坚决防范火灾事故的发生。

(4)营业期间不得使用明火,设置应急照明灯。

(5)定期检查、维护和保养消防设施,确保完好有效。

(6)定期开展防火宣传教育和灭火疏散演习,不断提高珠宝首饰销售人员的防火意识,以及自救和组织顾客疏散逃生的技能。

三、发生火灾时的处理方法

一旦发生火灾,头脑要保持冷静。任何火灾都有一个从小到大的发展过程,通常分为三个阶段:初起阶段、发展阶段和猛烈阶段。

1. 火灾的初起阶段

火焰面积小、燃烧强度弱,只要及时发现,立即用灭火器材灭火,均能将火扑灭。发现初起火灾时不要惊慌失措,要勇敢地以最快速、最有效的办法进行灭火,同时呼喊其他同事帮忙。扑救时要在确保自身安全的前提下进行,如烟雾大时要用湿毛巾等捂住口鼻,将灭火器对准火焰根部喷射,并尽量使自己处在上风口位置。如果是电器导致火灾发生,首先要切断电源,防止救火中触电。

2. 火灾的发展阶段

如果火势较猛不能立即扑灭,要一边灭火,一边向保卫部门和公安机关报告火情(火警电话119)。报告时要沉着镇定,讲清起火地点、部位、火势情况,以及着火的对象、类型和范围。同时把自己所用的电话号码告诉对方,以便联系,等对方讲"立即出警"时,即可将电话挂断,派人到店门口和必经的路口等候,引导消防车迅速到达火灾现场。

3. 火灾的猛烈阶段

火灾发生后如被大火围困,头脑要保持冷静,不要慌乱,应选择最佳的疏散方法逃生自救。

(1)争取时间尽快逃离现场。火灾发生后不要为穿衣、找钱财等琐碎小事而耽误宝贵的逃生时间,要选择与火源相反的通道按顺序迅速逃脱险境。现场有浓烟时,捂住口鼻,应尽量降低身体或爬行,千万不能直立行走,以免被浓烟窒息。衣服被烧时,不要惊慌,可立即在地上翻滚以使明火熄灭。

(2)选择通道迅速逃离。当楼梯起火,但火势并不太猛烈时,可披上用水浸湿的毛巾或衣裤,由楼上快速冲下;如果火势太猛而不能顺利通过时,可以利用绳子或窗帘、台布等,将一端系在牢固的物体上(如暖气管道),再顺着绳子从窗口滑下。如果火灾严重且有生命危险时,若楼层只有二三层高,可以将海绵等较为柔软的物体扔出,然后抓住窗子尽量缩短高度滑下,要保证脚先落地,确保生命安全。逃离时千万不要乘电梯,以防电路短路而被困在电梯中。

(3)争取时间等待救援。当各种逃生的路均被切断时,则应退回店铺内,采取防烟、堵火措施,关闭门窗并用湿被将门堵严,并不断浇水,以延缓火势蔓延的时间。要用湿毛巾捂住口鼻做好个人防护,同时打开外窗呼喊或用电话、手机同外界联系,争取尽快得到救援。

四、火灾发生后的处理方法

珠宝首饰店铺发生火灾时,全体工作人员离开店铺后,应到附近指定地点集合,保护现场。店铺经理(店长)应迅速清点人数,告知店员未经许可不得进入火灾事故现场,并及时做好以下工作。

(1)店铺经理(店长)负责清点财物损失,编制清单,并向上级主管部门报告。

(2)如有必要,向公安消防部门报告,并协助公安消防部门在现场调查取证。

(3)分析火灾发生的原因及应变处理过程中存在的主要问题,提出今后整改措施,确保消防安全。

(4)如果在事故过程中,出现顾客和店员受伤情况,应及时送医院治疗,并时刻关心受伤人员的康复情况。

一、销售训练

1. 观看珠宝首饰店铺盗窃视频,找出珠宝首饰店铺销售人员的失误之处,并提出改进意见。

2. 说说如果珠宝首饰店铺遭遇抢劫,当班的珠宝首饰销售人员应该如何处理。

3. 说说如果珠宝首饰店铺遭遇火灾,当班的珠宝首饰销售人员应该如何处理。

4. 说说为了防止珠宝首饰店铺内部人员的偷窃,珠宝首饰店铺应该采取哪些措施。

二、请指出以下珠宝首饰销售人员失误的地方

1. "顾客"到店里选购金条。A 珠宝首饰店铺的金条一般都配有木盒子。当"顾客"看中后,就要求珠宝首饰人员小李把盒子也拿给他看看,看盒子和金条是否匹配,还问了很多相关的问题。"顾客"挑得差不多了就准备买单。小李看到"顾客"准备掏钱就以为他要购买,心里很开心。可是"顾客"并没有要求开单,只是再问其他的首饰如何。"顾客"拿着盒子看金条的时候,眼睛是看着小李说话,小李也是在看着顾客的眼睛说话。这个时候"顾客"把金条藏到了手里,并且把盒子盖上还给了小李。由于"顾客"还急着看其他的东西,小李赶快把盒子收起来,也没有看金条是否还在盒子里就直接把盒子放到了柜台里。"顾客"随便看了看就走了,小李再去打开盒子摆放金条的时候,才发现金条不见了。

2. 某天晚上,陆陆续续来了几个"顾客",并且把 A 珠宝首饰店铺内的珠宝首饰销售人员分散到了柜台不同的位置。剩下的一名"顾客"就开始把手伸到柜台的里面伸进去一把一把抓走了饰品。

3. 某天 A 珠宝首饰店铺来了四个"顾客",A 店铺有三位珠宝首饰销售人员接待他们。"顾客"要一起看货品。"顾客"都表现出非常想要的感觉,并且这四个"顾客"之间还相互地把货品换来换去来对比和试戴。为了满足他们的要求店铺销售人员拿了比较多的首饰为他们挑选,在"顾客"的强烈要求下甚至将整盘的货品端了出来。店铺销售人员认为三个人可以看得住这几个顾客和一盘货品。结果"顾客"把盘子里的货品挑了个遍也没有购买。等"顾客"走了以后在清理货品的时候才发现少了几件首饰。

4. "顾客"到 A 珠宝首饰店铺里来,挑选一条 100g 的黄金项链,由于感觉短,他要求再选购一些小的路路通金珠子来焊接上以便增加长度。为了能让"顾客"多挑几粒,小李将一小盒的珠子都拿出来给顾客搭配。"顾客"不小心将小盒子打翻了,珠子撒了一地都是,小李赶紧去捡。这时"顾客"将黄金项链收了起来,拿出一条一样的假的黄金项链放到柜台上。等小李捡完路路通,"顾客"便找借口离开了。直到月底盘点时才发现货品被调换了。

学习情景二

珠宝销售人员岗位实务

单元六　珠宝首饰销售前的准备

任务一　熟悉珠宝首饰店铺人员的工作职责与工作流程

学习目标

通过本任务的学习,学习者能够:
1. 了解珠宝首饰店铺中人员的工作职责与工作流程。
2. 完成珠宝首饰店铺人员角色扮演。

知识要求

珠宝首饰店铺的岗位设置与人员管理是非常重要的工作。人员通常情况下分为管理人员和普通员工两类,店铺也可根据实际情况设置店铺经理、店长、组长、销售人员、维修人员、收银员、会计等岗位。由于店铺大小不同,其人员配置情况也不尽相同,可将销售人员分为高级销售员、中级销售员和初级销售员。一般情况下,店铺越大设置的层次越多。

一、珠宝首饰销售人员的工作职责与工作流程

1. 珠宝首饰销售人员的工作职责

珠宝首饰销售人员代表了店铺的形象,其一举一动、一言一行,在顾客的心目中,代表着店铺的服务风格与精神面貌,将给顾客留下深刻印象。所以,珠宝首饰销售人员是店铺的形象代表,作为珠宝首饰销售人员其工作职责如下。

(1)严格执行店铺服务规范,做到仪容端庄,仪表整洁,礼貌待客,诚实服务,严格遵守各项服务纪律。

(2)了解有关商业法规,熟知店铺内的作业规范。

(3)要有强烈的责任心,注意货品安全,防止货品损失或失窃,同时要了解治安防范要求和措施。

(4)对顾客的合理化建议,要记录并及时向店长汇报。

(5)服从店长关于轮班、工作调动及其他工作的安排(如在营业高峰时,协助收银台做好收银工作等)。

(6)微笑服务,礼貌用语。热情回答顾客提出的相关问题,并帮助顾客选购货品。

(7)为顾客提供必要的服务,如开发票、清洁首饰、穿绳、装袋等。

(8)负责货品陈列、货品盘点和价格标签的粘贴更换,以及POP广告的陈列与安全维护工作,保证货品摆放整齐、洁净、有序,保证购物环境的舒适、整洁。

(9)利用各种销售技巧,营造店铺的销售氛围,提高顾客的购买欲望,增加营业额。

(10)收集竞争对手的产品、价格、市场活动等信息,并向店长汇报。

(11)完成日、周、月报表填写等各项工作,及时上交店长。

2. 珠宝销售人员的工作流程

(1)仪容、仪表流程。进入服务岗位前整理好工作服,佩戴好工牌;进入岗位后接受柜组长或部门值班检查人员对仪容、仪表的检查。

(2)柜台纪律流程。进入班组后,接受班组管理人员的考勤登记;参加班前10min工作会议,听取柜组长对当天工作的安排,并按各自分工,迅速就位工作;定位站立,按照分岗负责范围定岗站立服务,一人站中央,两人分开站立,三人以上均衡站立;在岗人员当遇到急事需要离开岗位时,必须向柜组长报告并妥善安排好柜前接待和交接好有关工作后方可离开;营业结束点到后,要接待好最后一位顾客,再结束营业工作。

(3)文明用语流程。当顾客临近时,珠宝首饰销售人员应立即上前热情致意,用好迎客语;珠宝首饰销售人员在接待过程中要注意用好接待语,以娴熟的动作,尽快展示顾客需要的货品,操作交易过程中视具体情况需要,使用货品介绍语、表示歉意用语和道别语;不讲引起顾客反感的话,做到"六不讲":失礼的话不讲,讽刺挖苦的话不讲,粗俗的话不讲,失实宣传的话不讲,催促埋怨的话不讲,不负责任的话不讲。

(4)接待操作程序。营业前检查售货所需的用具是否妥当,应备好包装物品、发票、笔、计算器以及其他服务用具等,并放在规定的便于操作的地方;当顾客临近时,应主动上前招呼、热情接待;根据顾客的需求,推荐货品,指导顾客挑选货品;实事求是地向顾客介绍货品性能、特点、规格、用途、产地、价格及正确的使用方法和保养方法;填写好有关票据,包括支票、发票、售货缴款单等,书写要规范、整洁;找赎货款要求做到唱收、唱付,钱物当面点清;牢固、美观、迅速地包装好货品,并热情地递给顾客;在交接班时,要清楚地向接班人员交代好营业中的有关事项。

(5)货品退换流程。热情接待要求退换货品的顾客;耐心听取顾客讲述要求退换货品的理由;检查货品是否符合退换规定;核实所退换的货品是否属于本店铺出售的货品;符合退换规定,属于本店铺出售货品应马上给予退换,并向顾客致以歉意;不符合退换规定或不属于本店铺出售货品等,不应退换,但要对顾客做出合理耐心的解释;对不符合退换规定的货品,经解释还不能解决问题的,可转达部门领导解决。如遇意外或危急情况应及时报告或采取应急措施。

二、柜组长的工作职责与工作流程

1. 柜组长的工作职责

(1)协助店长安排店铺的经营管理。
(2)协助店长制订货品经营计划。
(3)对本班组人员工作进行统筹安排并协调。
(4)协助店长安排货品进货业务。
(5)协助店长对人员进行考核,提出升级或调动的建议。
(6)协助店长解决店铺发生的各种紧急突发事件。
(7)协助店长进行货品防损、防盗或服务监督等工作。
(8)在店长不在的时候代理行使店长职责。

2. 柜组长的作业流程

(1)开店前检查员工是否缺勤;当有珠宝首饰销售人员休假时,安排其他销售人员接替工作;随时检查员工的工作;检查员工着装是否整洁,工卡是否佩挂。

(2)开店前10min检查营业环境是否通畅清洁;检查货品是否满架;检查是否缺货,条码及价签是否正确,是否遗漏价格牌或是否有未贴条码的货品;依照清洁计划表检查员工是否完成清洁工作。

(3)上午上班集合员工,清点人员并安排上午重点工作;帮助店铺训练员工;确定顾客验收单已核对无误。

(4)离店前检查仓库的清洁整齐情况,与珠宝首饰销售人员计划明天的工作,安排晚班兼职人员的工作。

(5)按照店长的指示,做好晚间营业的各注意事项及关店事宜;必须进行全店铺巡查;负起全店的管理职责;正确处理顾客突发事件。

三、店长的工作职责与作业流程

1. 店长的工作职责

店长是那些能以有限的资源和合理的成本,完成店面营运的绩效、业绩考核和利润目标,并使店铺可持续发展的人。店长是一个店铺的核心人物,要对店铺的运作进行统筹安排,对店铺的整体经营效益负责。店长的工作职责如下。

(1)负责店铺的经营管理,完成上级下达的经营指标。店铺既要满足顾客的需求,同时也要创造一定的经营利润。店长必须站在经营者的角度,综合地、科学地分析店铺运营情况,全力贯彻执行公司的营运方针。对于公司政策、经营指标、管理规范,店长必须坚决执行。同时,店长根据下达的各项经营指标,结合本店的实际状况,制订自己店铺需完成的年度销售计划的执行计划(包括货品、销售、培训、人员等项目的计划),可具体细分为月计划、周计划和日计划等。

(2)制订店铺的经营计划,并督促员工执行经营计划。店长必须安排好各部门、各班次员工的工作,指示员工,严格依照营运计划,运用合适的销售技巧,将货品在店铺各处以最佳的面貌展现出来,以激发顾客的购买欲望,提升销售业绩,实现店铺销售的既定目标。

(3)监督店铺的货品进货验收、库存管理、货品陈列等有关工作。店长应严格监督货品的进货验收,同时及时关注库存,做好补货安排,严格要求员工做好货品陈列、盘点等工作。

(4)监督和审核店铺的会计、收银等工作。店长要做好各种报表的管理,如店内的"顾客意见表""盘点记录表""货品丢失记录表"和"进销货品单据凭证"等,以加强监督和审核店铺的会计、收银等工作。

(5)掌握店铺销售动态,向上级建议新货品的引进和滞销货品的调换。店长要掌握每日、每周、每月的销售指标的完成情况,按时向总部汇报店铺销售动态、库存情况以及新产品引进销售状况,并对店铺的滞销货品调换情况,提出相应的对策和建议,帮助上级制订和修改销售计划。

(6)员工人事考核、提升、降级和调动的建议。店长应按时评估店铺员工的平时表现,实事求是地向人事主管部门提交有关员工的人事考核以及岗位提升、降级和调动的建议。

(7)组织员工进行培训,组织店铺的促销活动。指导和培训店铺员工是店长的基本职责,店长应成为员工的师长,就店铺的经营管理提出有效的建议及相关营销策略,帮助员工迅速成长。

(8)激发员工斗志。店长应时时激励下属保持高昂的工作热情,形成良好的工作态度,使每一名员工都具有强烈的使命感、责任心和进取心。

(9)参加一些社区公益活动,成为店铺的代言人。店长必须善于运用各种不同的资源,代表店铺与顾客、社会有关部门建立联系,以获取最佳经营效果。

(10)保持店铺的清洁卫生。

(11)保持店铺内部的设备完好。店长应对有故障的设备安排维修及更换,如收银机等重要销售设备的维护等。

(12)店铺内、外的环境卫生。一般按照区域安排,责任到人,由店长检查落实。

(13)保证店铺安全。营业结束后,店长应对店内的封闭情况、保险柜的安全情况、保安人员的到位情况、消防设备的摆放情况等主要环节做最后核实,确保安全保卫工作万无一失。

(14)其他非固定模式的工作管理。店长能迅速处理店铺发生的各种紧急突发事件,如火灾、停电、抢劫、盗窃等。

(15)顾客投诉与意见的处理。店长应具备处理各种问题的耐心和技巧,如与顾客、员工、上级的沟通等,这些都是店长不能忽视的。所以,店长在上情下达、下情上达和内外沟通的过程中,起着重要的作用。作为店长应尽可能运用各种沟通技巧和方法,协调好各方面的关系。

(16)各种信息的书面汇报。有关竞争店铺的情况、顾客的意向、货品的信息、员工的思想等各种信息,应及时以书面形式向上级部门汇报。

2. 店长的工作流程

店长必须在有限的时间内,把握住店铺营运与管理的重点,严格执行每日的工作流程并严格控制。

(1)明确店长的工作时间。珠宝首饰店铺营业时间一般在 9:30～22:00,总计 12.5h。通常店长的工作时间为 8:30～18:00,这种工作时间的规定,可使店长充分掌握店铺销售情况,特别是销售高峰,这对他掌握店铺每月营业状况以确保店铺的正常运作极为有利。店长下班后,店内的管理工作通常由副店长(或组长)代理。

(2)规定店长在每日每个时段的工作内容。表 6-1 是店长工作流程的时段和工作内容,表中规定了店长的工作时段、工作项目和工作重点,突出了店长的岗位职责、工作标准和要求。

店长的管理工作通常是一些日常例行性的工作,在长期的管理过程中,容易流于常态,难有突破。事实上,店长作为一店之长,店铺的生存和发展完全维系于店长的工作状态。尤其在激烈的市场竞争中,稍有疏忽懈怠,店铺经营很容易走下坡路。所以,一名优秀的店长应该能在实践中不断地总结经验、超越自己、创新。只有不满足于现状,追求卓越,才能成为一名优秀的店长!

表 6-1 店长工作流程的时段和工作内容

时段	工作项目	工作重点
8:30~9:30	晨会	布置今日工作主要事项 总结昨日销售情况 安排店内清洁卫生
	确认职工出勤状况	检查出勤、休假、病事假、人员分配、仪容、仪表及工作挂牌
	货品上柜	安排员工准时陈列好货品,等待营业
9:30~10:30	检查开门营业状况	各岗位人员、货品、促销等就绪 店门开启、地面清洁、灯光照明等就绪
	确认作业计划重点	促销计划 出勤计划 其他
10:30~11:30	追踪营业问题重点	营业未达到销售预算的原因分析与改善 电脑报表时段货品的销售状况分析情况,并指示有关货品负责人限期改善
	追踪店铺货品态势	确认追踪缺品、欠品 确认重点货品、季节货品、货品展示与陈列 确认时段营业额
11:30~12:30	确认后场库存状况	仓库库存品种、数量及管理状况的了解与指示
	掌握营业高峰状况	各货品表现及促销活动的效果 店内加强促销活动广播
12:30~13:30	午餐	安排员工轮流午餐 交代代管人员负责店铺管理工作
13:30~15:30	调查竞争店铺	同时段竞争店铺与本店营业状况的比较
	部门会议	相关部门协调会议 如何达到今日营业目标 晚班组例会,且交接班要迅速,不影响对顾客的服务
	教育培训	新进人员培训 定期在职人员培训 配合节假日的培训(如货品包装、促销手段等)
	文书作业及各种计划,报告撰写与准备	人员流动、请假、培训、顾客意见等;月、周计划,营业会议竞争对策等

续表 6-1

时段	工作项目	工作重点
15:30～16:30	确认时段、班组营业额	确认各班组人员、货品、促销等
	全场势态巡视、检查与指示	营业场所,货品、环境清洁卫生,促销环境准备及改善指示
16:30～18:30	追踪营业问题	确保收银台找零金处于正常状况 货品齐全 保持营业环境清洁 保持销售人员精神饱满
18:30～22:00	指示代理负责人	交代晚间营业注意事项及关店事宜

任务二 掌握珠宝首饰货品管理

学习目标

通过本任务的学习,学习者能够准确完成珠宝首饰商品的交接、上柜和盘点工作。

知识目标

一、货品编号识别

为了便于店铺管理,任何进入店铺销售的货品都要进行编号。在珠宝首饰的销售中,珠宝首饰销售人员应能识别本企业的编号特征。所谓的货品编号,是指在货品分类的基础上,对各类货品赋予其规律性的货品代码的过程。

货品代码又称货号或货品代号,是代表某类、某种货品的一个或一组有序的,便于计算机和人识别与处理的符号。这组符号通常由英文字母或阿拉伯数字组成。

1. 珠宝首饰编号的内容

目前我国对珠宝首饰货品的编号尚无统一规定,各企业都按照各自管理的需要,自行编制货品代码,但所用货品编号的基本内容大致相同,主要包括以下几项。

(1) 类别。即货品的分类,珠宝首饰可分为贵金属首饰、镶嵌类首饰、玉石类首饰等几类,而这几类又可再次细分,如贵金属首饰可分为黄金类首饰、白银类首饰、铂金类首饰、钯金类首饰,而镶嵌类首饰也可细分为铂金镶嵌首饰、K金镶嵌首饰等。

(2) 成色。如黄金类首饰可分为千足金、足金、18K 金、UK 金等,铂金类首饰可分为 Pt990、Pt950、Pt900 等。

(3) 品种。如分为戒指、项链、吊坠、耳环、手链、手镯、胸针等。

(4) 款式。如戒指可分为男戒、女戒,进一步可再细分为男式镶嵌玉石戒指、女式素铂金戒指等。

(5) 日期。对于首饰生产企业来说,指的是首饰的生产日期。而对于首饰店铺来说,则指的是首饰的进货日期。

(6) 批号。生产批号或进货批号。

(7) 产地。生产厂家所在地或宝石产地。

(8) 厂家。生产厂家或进货厂家。

(9) 其他。企业可根据自身管理需要决定珠宝首饰货品编号所要包含的内容,如在为黄金首饰编号时可采用类别、成色、品种、款式四个基本内容。

2. 确定各内容的具体代码

当货品编号的内容确定后,应用英文字母或阿拉伯数字给这些内容配以固定的代码。如某些珠宝企业确定其贵金属首饰货品编号所包含的内容是类别、成色、款式,每个内容的代码见表 6-2。

表 6-2 内容和代码

类别号	成色号	款式号	校验号
C	18	B1B2B3B4	C

(1) 类别号用一个英文字母表示。如贵金属首饰用 G 表示,镶嵌类首饰用 X 表示等。

(2) 成色号用两位数代表贵金属材料及百分含量。如 Pt900 用 90 表示,18K 黄金用 18 表示,925 银用 25 表示。

(3) 款式号用 B1B2B3B4B5 一组符号表示。B1 表示大类号,大类号又可以进行"0~9"的排列,如"0"表示电铸产品,"1"表示项链,"2"表示手链,"3"表示吊坠,"4"表示戒指等。B2~B5 表示大类中的某一款式。

(4) 校验号由一位阿拉伯数字组成,用来校验编码的正误。

3. 货品编码的基本原则

(1)唯一性原则。即要求在同一类型的货品中的每件货品的编码,必须是唯一的,不应有重复编号。

(2)合理性原则。货品代码结构要与货品科学分类体系相适应,要与货品经营业务的需要相适应。

(3)可扩充原则。编码时必须留有适当的后备容量,即留有足够的待用码,以便适应新产品的出现对代码的需要。

(4)简明性原则。在保证足够容量下,编码应尽量简单,长度尽量短,便于计算机的储存与管理。

(5)实用性原则。编码应尽可能反映产品的特性,有助于记忆,便于填写。

二、货品交接

当一个班组的营业工作结束时,柜组珠宝首饰销售人员必须做好货品交接工作。具体交接工作内容包括以下方面。

(1)清点货款、票据。交接班时,交班班组珠宝首饰销售人员按照当班期间各种进货、销售凭证及调货报告单等票据进行统计汇总,记录柜组当班时的销售总金额及总件数,并得出柜台交接班时的实际存货数。

(2)清点珠宝首饰货品。交接班时,接班班组人员清点柜组货品余存数,理论上货品余存数应与实际存货数相符。

三、货品上柜流程

货品上柜的流程包括以下几个方面。

(1)店长依照随货同行的"发货单"清点货品总数,并核对货品标签、货类、货型、条码及金额。

(2)店长根据货品明细登记库存,并将货品按类别及款式等分类并封存。

(3)如柜台需要补充产品,店长应制作"转货明细单",将货品随"店内转货单"转给珠宝首饰销售人员。

(4)珠宝首饰销售人员根据"店内转货单"清点货品,并签字确认。

(5)柜台销售人员登记"柜位货品明细账"。

四、货品盘点

所谓货品盘点或盘存,是指定期或不定期对店铺的货品进行全部或部分的清点,以确实掌握该期间内的实际损耗。珠宝首饰的盘点可分为两种类型。一是以时间划分,可以分为定期盘点和临时盘点。定期盘点是在月终、季末或年底这些固定日期进行盘点,而临时盘点是在货品变价、工作交割或人员调动时的盘点。二是以工作需要划分,可以分为全面盘点和部分盘点。全面盘点是对店铺的所有货品逐一盘点,部分盘点是指对有关货品的库存进行盘点。货品的盘点工作是每个店铺每个月都要进行的重要工作内容,是每个店铺经营管理者进行管理、发现问题、堵塞漏洞的重要手段,是财务部门进行各项核算的重要数据来源。

1. 准备工作

为加快盘点进度,在盘点前需做好如下准备工作。

(1)将所有货品归类存放。

(2)将各类票据进行分类整理和清点。

(3)将柜台流水账等准备齐全。

(4)暂停仓库提货。

(5)准备盘点所用的计算器及各类表格。

2. 盘点

(1)一般需要多人对柜台珠宝首饰进行盘点,盘点时按照珠宝首饰货品分类、编号、单价、数量进行逐一核对、清点,清点之后填写货品实存数与金额数。

(2)清点全部购物小票、调货单等单据,计算总进货量、总销货量等,最后得出货品剩余总量,并核查该数值是否与实存数相符。

3. 盘点结果处理

(1)根据柜台实物盘点情况,填写"盘点结果报审表",并说明盘点盈亏原因,报主管部门审批。

(2)审批后的盘点表分送会计等有关部门。

(3)对盘点中的盈亏金额及货品各环节作相应的账务处理。通常按照以下方式进行处理。首先,确定合理盈亏公差率。盈亏公差率是指盈亏占销售额最高限度的百分比。在盘点过程中出现盈亏金额时,需按盈亏公差率进行处理。不超过公差率的盈亏即作正常情况处理。其次,超过公差率的盈亏则应认真分析原因,区别处理。因为工作失职造成的损失,原则上由个人负责赔偿;因为业务生疏、算账不准等造成的盈亏,应尽量查找销售对象,设法补退款。

(4)对盘点过程中发现的货品损益进行处理。货品损益是指货品从购进到销售整个过程中发生的益余和损耗。对珠宝首饰造成损益的主要原因如下。

a.进货过程中出现差错。主要是由于验收时不认真、不全面造成的。如镶嵌首饰上的主石及副石松动脱落,以及严重破损,在验收时没有及时发现并予以解决。

b. 展示及销售过程中出现的差错。如珠宝首饰由于受挤压而引起变形,或贵金属在称量过程中造成误差等。

c. 保管过程中出现的差错。对于在盘点过程中出现的损益,应及时进行处理。如应如实填写"柜台珠宝首饰货品残损报告单"。

(5) 认真分析珠宝首饰商品损益情况,按需要对部分货品进行变价处理。货品变价是指货品原销售价格的调整、变更,即提高或降低货品的原定销售价格。货品变价的原因有两种情况:一是政策性、策略性或季节性的调高或调低,二是货品式样陈旧或保管不善造成的残损等。在珠宝首饰的盘点中,如遇政策性调价或发现有款式陈旧的、残损的首饰,需按照一定的程序进行变价处理:柜台需及时汇报珠宝首饰的残损、挤压情况,并填写"货品变价处理申请报告单";变价处理的申请报告需经店铺负责人核实、经理批准、会计记账等程序后,变为正式"变价处理通知单";柜台在接到变价处理的正式通知单后,实施变价销售。

五、销售专柜的货品管理

店铺内销售专柜的货品管理,包括以下方面。

(1) 店铺开门营业前 20min,当值负责人打开保存货品的金库。

(2) 各柜位销售人员按柜位顺序将货品取出,并将货品按柜位摆入柜台,准备开门迎客。

(3) 货品摆妥后,由原柜位珠宝首饰销售人员清点、核对其所属柜位货品,货账无误后,应在"库存交接表"上签收,并在营业期间负责货品的销售和货品安全。

(4) 营业期间,由店长或其指定的负责人负责未摆入柜台、存放在金库中的货品安全。

(5) 营业期间,如各柜位需要向金库补充或退回货品,需填写"柜位转货单"并各自登记日记账和明细账。

(6) 每天营业结束前,由各柜位珠宝首饰销售人员在柜位对数表上,对所负责柜位的货品进行清点。

(7) 下班后,各柜位珠宝首饰销售人员交叉点货,并与"销售日记账"核对,货账无误后,点货人员、货品负责人员分别在"库存交接表"上签名确认并交接。

(8) 货品全部清点无误,货、账相合后入库,由金库负责人负责金库的管理和安全。

金牌提醒

关于点货:交接班点货这项工作一定要亲自完成,我们要对自己负责,对货品负责,对工作负责。

检查货品质量:有很多同事间的矛盾就来源于货品上,上个班货品还是好的,这个班货品就坏了,很难分出来是谁造成的。货品的质量是需要检查的,只要交接班时仔细检查了,并及时向上级反映货品问题,就可避免此类矛盾的出现。新货上柜时,也一定要配合其他班组的同事认真检查货品的质量。

任务三 熟悉珠宝首饰店铺营业前的准备

学习目标

通过本任务的学习,学习者能够完成营业前的准备工作。

知识要求

一、营业环境准备

珠宝首饰的营业环境应具备整洁、明亮、高雅、舒适等特点,让顾客一走进店铺就感受到一种温馨、典雅的氛围,一种浓浓的艺术气息。为此,营业前应做到以下几点。

1. 清洁空气、调节温度

营业场所应做到空气清新流动、温度适宜。为此,营业前,珠宝首饰销售人员须打开换气设备,让隔夜的污浊空气散出去,新鲜的空气流进来。在酷暑寒冬季节还须打开空调,把温度调至人体适宜的范围。

2. 打扫场地、整理环境

营业场所应干净卫生,整齐有序。为此,营业前,珠宝首饰销售人员须打扫卫生,清除杂物,做到场内地面无垃圾,柜台内外无杂物,橱窗内外无尘埃,柜台排列合理有序,展柜美观漂亮,购物通道畅通无阻,显示出一派清新整齐的面貌。

3. 检查灯光、调节照明

珠宝首饰的营业场所要求灯光明亮,照明合理。为此,营业前,珠宝首饰销售人员须检查灯光设备,及时调换已损坏的灯泡,适当调节照明角度,让灯光与宝石的光芒相呼应,营造一个神奇变幻、明亮璀璨的环境。

4. 摆放花卉、播放音乐

珠宝首饰的营业环境应该是优美的。多数珠宝店内都张贴有广告、宣传画,摆放花卉、盆景等饰物。为此,营业前,珠宝首饰销售人员须适当地护理花卉盆景,整理广告画牌,在有音乐的场所还应检查音响设备,选播适宜的轻音乐等,以使整体环境营造出舒适典雅的气氛。

5. 摆凳备镜、方便顾客

在珠宝首饰的销售中,顾客会花较长时间来观察和挑选珠宝。为了给顾客营造一个舒适方便的购物环境,营业前,珠宝首饰销售人员须在适当的位置整理和摆放好座椅、镜子等,为顾客提供细致周到的服务。

二、物质准备

营业前的物质准备是整个销售工作的一个重要环节,是珠宝首饰销售得以顺利进行的物质基础和前提条件。充足而有序的物质准备是缩短销售时间,加快成交速度,使销售工作顺利进行的根本保证,因而具有十分重要的意义。

1. 商品准备

珠宝首饰不同于其他商品,其花色品种繁多、价格昂贵。珠宝首饰销售人员在进行商品准备时,须注意及时调整并补充畅销品种和款式,严格进行数量和质量的验收,合理摆放珠宝首饰,让整个柜台丰富多彩。具体的商品准备程序如下。

(1)提取商品。按规定将珠宝首饰从保险柜或仓库中提取出来。

(2)补充商品。按需要补充珠宝首饰的款式及型号。

(3)检查商品。检查新补充或原存留商品的质量。

(4)认真、全面地清点登记商品。清点、登记数量,核对价签,做到商品总数相符、价签与实物相符。

(5)摆放商品。按要求将珠宝首饰摆放于柜台之中,锁好柜台门,将钥匙放于固定位置。

2. 销售用具准备

营业前除做好商品准备外,还须做好有关的用具准备,这主要包括计量器具、计价用具、包装用具等。具体准备如下。

(1)计量器具准备。主要指小型克拉秤、指环量尺等。珠宝首饰销售人员应将计量器具放在柜台的固定位置,以便使用时得心应手、方便快捷。

(2)计价用品。主要指电子计算器、圆珠笔、复写纸、销货票据、发票等。其中销货票据及发票要妥善保存,以防遗失。

(3)包装用品。主要指各种戒指盒、项链盒、彩色纸、彩色袋等包装用品。包装用品须精心保管,保持干净、不折不压、不变形等。

(4)检验工具。珠宝首饰营业柜台须备有10倍放大镜、镊子、托盘以及一些小型的检验工具(如热导仪)等。营业前须将这些小型工具调试好,放于固定位置,以便于使用和向顾客演示。

(5)鉴定证书。营业前须整理宝石鉴定证书,做到鉴定证书号与商品号一一对应。鉴定证书应分门别类摆放,以便销售时及时查取。

★ 金牌提醒

验钞机数钱数得又快又准,还能辨别真假,但是验钞机也有出故障的时候。验钞机坏了的时候不会告诉你"今天我坏了,不能工作了。"那么怎么知道它到底有没有坏呢? 建议准备一张假钞和一张和钱一样大小的纸。在每次数钱的时候请你先检查这两个假的,要是都报警的话就说明验钞机可以正常工作,要是验钞机没反应,你就要小心了。

三、检查自身的仪容、仪表、仪态

珠宝首饰销售人员的仪容、仪表、仪态是珠宝店铺软环境的体现。当每位珠宝首饰销售人员都做到了仪容端庄、仪表整洁、仪态优美,会给整个购物环境注入生机勃勃的动态美。这种软环境的美能够与硬环境的美相呼应而产生一种和谐的美。这种和谐之美是每一位顾客一走进店堂就会感受到的。软环境之美能对顾客产生更强的亲和力、感染力和吸引力,是商品得以销售的潜在动力。

★ 课后训练

1. 实训目的

通过本次实训,使学习者熟悉珠宝首饰销售人员不同岗位的工作职责,学会珠宝首饰店铺的货品管理,完成营业前的工作准备。

2. 实训要求

以小组为单位,进行角色扮演,一人扮演店长,一人扮演柜长,其余成员扮演柜组人员,展开新货上柜、货品盘点、货品交接和营业前的准备工作。

3. 实训材料

实训材料包括珠宝首饰营销实训室、新上货品(不含标签)、珠宝首饰(含标签)。

4. 实训步骤

店长召开例会,宣布工作内容及工作步骤。

(1)柜台货品交接,店长进行检查。

(2)新货编号、上柜,店长进行检查。

(3)珠宝首饰店铺营业前的准备工作。

(4)珠宝店铺货品盘点,店长进行检查。

5. 实训检验(表6-3)

表6-3 珠宝首饰店铺销售前准备评价量表

项目\分数	3分	2分	1分
柜台货品交接			
新货上柜			
营业前准备			
货品盘点			

单元七　珠宝首饰顾客的消费心理

任务一　认识顾客

学习目标

通过本任务的学习,学习者能够:
1. 区分不同类型的顾客。
2. 解释接待不同类型顾客的方法。
3. 模拟不同类型的顾客接待。

知识要求

珠宝首饰销售人员必须配合每一位顾客的个性及购买动机,来提高其购买珠宝首饰的乐趣与满足感,因此认清顾客的类型及寻找其应对方法对珠宝销售人员来说是不可或缺的。

珠宝首饰销售人员每天都会接触形形色色的人,通过观察与初步的交流发现,顾客会有某些类似的共性。在购买过程中我们经常会发现,女性与男性的消费表现大不相同。在不同顾客的消费表现中,有的保持沉默,有的滔滔不绝,有的对珠宝首饰销售人员有畏生心理,有的在珠宝首饰销售人员面前骄傲无比等。珠宝首饰销售人员应针对不同的顾客存在的不同特点,为其提供相应的服务接待,才能赢得更多的市场份额。

一、顾客的类型

优秀的珠宝首饰销售人员应该能一边观察顾客的心情或个性,使顾客获得购买珠宝首饰的满足感,一边坚持站在"顾客的立场"来考虑问题,并对顾客的行为和语言作具体的分析,适当地归纳出顾客的类型及针对各种类型顾客的接待方法。顾客分类的方法很多,最常见的是按性别、购买动机、性格和年龄分类。

1. 按性别分类

1) 男性顾客

男性顾客购买的目标通常很明确,购买行为也相对较少。一般来说,男性顾客自主性强,如果他们在购买时对珠宝首饰的商品知识了解很多,就不会过多地受外界活动影响,购买行为也会更加理智、自信。同时,男性顾客比较果断,一旦决定购买某种首饰,会比女性更为果断,更容易做出购买决定。另外,男性顾客更注重品质而不太重视价格,对于商品本身的外观形象、美感、表达的情感方面,要求都不是很苛刻。

一般来说,男性顾客在购买珠宝首饰时都有下面的一些心理特征:①怕麻烦;②目标明确,选择果断;③注重商品品质,对价格不太在意;④自尊心强。

男性顾客一般在购物时表现得较大方,因此销售人员在提供购买意见时要更多地将主导性交给他们,达到给他提供建议却要让他感觉完全是自己的主意的效果。

例如,"先生,我知道您是个很有主见的人,我只是站在一个很客观的角度介绍我们的饰品,我相信您自己会有判断力,选择最合适的饰品!"

2) 女性顾客

女性顾客是珠宝店铺最常见的顾客,她们购物通常比较随意。由于女性顾客希望自己购买的珠宝首饰符合社会潮流,渴望得到他人的认可、赞许,所以珠宝首饰销售人员应把销售重点放在女性顾客最关注的三个方面:时尚、家庭和感情。

在面对女性顾客时,也要充分了解其购买珠宝首饰时的独特心理特征及消费行为:更注重外观、易动感情,容易被现场气氛感染;购买目标模糊,具有从众心理,喜欢追逐潮流;对珠宝首饰款式特别感兴趣,要求款式新颖、时尚;常常对价格较敏感,很会精打细算;有比较强的自尊心和自我保护意识。

为女性顾客服务时,应尽可能满足其挑选要求,多给对方时间;要针对她们的犹豫作适当解释,帮助她们做出决定;中国女性普遍存在的生存现状,要鼓励她们善待自己、勇于选择;针对年轻女性的求新求奇心理,推荐个性化饰品,满足她们追逐时尚潮流的需求。

2. 按购买动机分类

(1)目标明确的顾客。这类顾客对自己想要的东西很明确。在接待这类顾客时,应抓住这类顾客"快速"的购买心理,在顾客临近柜台的瞬间马上接近,积极推荐,点头示意,要尽快把首饰包装好递给顾客,以求迅速成交。

(2)目标模糊的顾客。这类顾客看似很有主见,但一经推荐就会改变主意。

在接待这类顾客时,不但要有耐心,更要有较强的说服力来帮助其选购商品。通常这类顾客的主观性不强,最容易改变选购商品。

(3)在行的顾客。这类顾客神情自如,步子轻松,胸有成竹,临柜不急于提出购买要求。接待这类顾客时,要营造一个轻松的环境,让顾客随意浏览。注意不能用眼睛老盯着他,以免使其产生紧张戒备的心理,也不能过早地与他接触。当顾客表现出对某件首饰感兴趣时,应立即热情地接待顾客,不能让顾客产生受冷落的感觉。

(4)闲逛型的顾客。这类顾客有的东瞧西看,行走缓慢,谈笑风生;有的犹犹豫豫,徘徊观望;有的哪里有热闹就往哪里去。在接待这类顾客时,若顾客没有接近柜台就不必急于接待,可注意顾客的动向,当顾客到柜台察看珠宝首饰时,一定要热情接待。

(5)自主型的顾客。这类顾客会自己挑选商品,不愿让别人向自己推荐商品。这类顾客自信心强,购物经验丰富,不轻易接受别人的观点和意见,喜欢自己琢磨,自己挑选,不愿与导购员过多地交流。在接待这样的顾客时,应让他们自由挑选,不必过多推荐商品,只要适当留意顾客动向就行了。

(6)需要参谋的顾客。这类顾客购物经验少,往往拿不定主意,愿意征求导购员的意见。接待这种顾客时,要主动打招呼,为顾客提供帮助并说:"需要我帮忙吗?"这类顾客通常希望导购员能说说自己对首饰的看法,希望能得到指导,即使导购员的观点和他的想法有冲突,他也会因解释合理而感谢导购员。

(7)犹豫型顾客。这类顾客通常想购物但却下不了决心,他们一般认为"买嘛,也可以",但心里又想"也许以后会碰到更好一些的呢"。接待这种顾客时,可以积极地从旁建议,不断发出成交信号,促使他们下定决心购买。

3. 按性格分类

(1)悠闲、慎重选择的顾客。这种类型的顾客通常不会很随意地确定是否购买,所以对于这类顾客不要急切地推荐某种首饰,但要慎重地听取顾客的意见和喜好,为顾客选定合适的首饰,以自信的态度推荐给顾客。

(2)急躁、易发脾气的顾客。这类顾客性情急躁,易发脾气,同时对缓慢的做事态度也会表现出强烈的反感。在接待这类顾客时,要特别注意言语和态度,动作要敏捷,不要让顾客过长时间地等候,尽可能敏捷地处理事情。

(3)沉默、不发表意见的顾客。这类顾客通常对商品不发表任何意见。在接待这类顾客时,要沉着冷静地从顾客的表情、动作、很少的言语中来抓住顾客心理,及时地提出询问,诱导顾客回答,并为顾客选出合适的商品。

(4)健谈的顾客。这类顾客在购买时,题外话较多且易偏题。在接待这类顾客时,首先不能打断顾客讲话,这会伤害顾客感情;其次要专心听,并适时地抓住机会让话题返回谈话主题。

(5)博学多闻、知识丰富的顾客。这类顾客通常会有意无意地表现出自己学识渊博,会提出各种评价与解说。这时,导购员要点头表示同意,并赞美说"您讲得好专业、好详细"等,等掌握了顾客的喜好后再推荐商品。

(6)态度傲慢的顾客。这种类型的顾客通常喜欢耍威风、说大话且自尊心很强。接待这类顾客时,言语和态度要特别慎重,不可产生反感的情绪,要一面赞美顾客的随身物品,一面冷静沉着地加以应对。

(7)怀疑型的顾客。这类顾客不信任导购员,也不轻易相信店铺提供的证书等,所以在解说时不得要领就会造成反效果。对于这类顾客,要以把握顾客的疑问点为前提并适时地提出具体的顾客必须购买的理由与依据,只有这样才能获得顾客的认同。

(8)优柔寡断、欠缺判断力的顾客。这类顾客往往无法下定决心购买商品。接待这类顾客时,要懂得掌握销售的要点,让顾客对商品加以比较,然后观察顾客的喜好再提出"我想这个比较好"的建议,帮助顾客下决心,这样才容易收到效果。

(9)好赌不服输的顾客。这种类型的顾客总是喜欢按自己的想法和意见行事,不喜欢被人左右,因此应弄清顾客的需求并顺着顾客的情绪方向来建议。这类顾客通常需要专家型的导购员为他提供建议和咨询。

(10)内向、软弱的顾客。这类顾客在情感上很容易受到伤害。在接待这类顾客时,要冷静、沉着,要把握顾客的情绪、配合顾客的步调,使顾客对自己产生信任和好感,达到完成交易的目的。

(11)逻辑清晰的顾客。这种类型的顾客的逻辑思维能力很强,做事很有条理。在接待这类顾客时,要做到依据明确、条理井然、要点简明。

(12)喜讽刺的顾客。在应对这种顾客时,不要被他的讽刺所迷惑,必须集中注意力于接待的要点上,偶尔若无其事地带过一句"真会开玩笑",沉着销售。

4. 按年龄分类

(1)青年型顾客。这类顾客追求时尚、紧跟潮流,对新鲜珠宝首饰感兴趣。这类顾客多为经济型的顾客,对珠宝首饰的价格很在意。只要抓住了这类顾客的喜好,就很容易达成交易。

(2)中年型顾客。这类顾客多为事业有成的人,成就感很强,对珠宝首饰的要求主要以成熟型的珠宝首饰为主。珠宝首饰销售人员可以推荐一些贵重的、有厚重感的珠宝首饰。

(3)老年型顾客。这类顾客虽然不多,但随着时代的进步,其增多趋势是必然的。老年型顾客由于经历太多沧桑,所以对新颖的珠宝首饰或潮流不会太感兴趣。珠宝首饰销售人员在介绍时要以传统的和经典的珠宝首饰为主。

任务二　珠宝首饰顾客消费心理分析

学习目标

通过本任务的学习,学习者能够分析消费者的购买动机。

知识要求

珠宝首饰的购买动机可简单理解成:促使消费者去实现自身需求、完成购买珠宝首饰行为的内在原因和动力。但同样的动机却可以引起不同的行为,而引起同一购买行为的动机往往也不是单一的,同样的行为可以由不同的消费动机产生。

消费者一旦有了购买珠宝首饰的动机,对珠宝首饰的需求实际上就具体化了,产生了明显的目的性和指向性。购买动机使消费者对珠宝首饰的需求心理具有趋同性。由于珠宝首饰的特殊意义和高昂价格,顾客在购买珠宝首饰时通常有以下的一些购买动机,应仔细把握。

(1)祈福。在世界各地,珠宝首饰都被赋予了一些特定的含义,如美好、吉祥、祝福等一些特殊含义。例如,在我国玉石很早就被人们当作保佑亲人平安如意的象征。这类顾客购买珠宝首饰时,受传统观念的影响,希望购买和佩戴珠宝首饰可为自己或别人带来好运,起护身符的作用。因此,他们对珠宝首饰的象征意义和特殊的文化内涵很在意,对珠宝首饰的价格并无太多要求,只要不超出他们的购买极限,他们一般都愿意购买。

(2)储备。由于珠宝首饰具有天然的增值功能,这类顾客在购买时多考虑增值效果好的宝石,如购买金银珠宝首饰是看重贵重金属珠宝保值的特性。他们希望珠宝首饰能带来保值增值收入,以备在必要时可兑换货币。因此,他们对珠宝首饰的价格无太高的要求,只要他们认为要购买的珠宝首饰还能增值,就会购买。

(3)求名。珠宝首饰很早以前就是身份的象征,这类顾客购买珠宝首饰是希望通过珠宝彰显自我的价值以及身份地位,购买贵重珠宝首饰是他们最佳的选择。他们选购产品的特征是"贵重和高雅",如大件的金绿宝石首饰、钻石首饰。在购买时他们也考虑产品的价格、质量和售后服务,但更多地想通过购买和使用名贵钻石或宝石来显示自己的身份、地位,得到别人对自己的尊重,从中获得一种心理上的满足。

(4)求美。这类顾客购买珠宝首饰,是想通过珠宝首饰的美来装饰自我、美化生活,显示自己的素质、追求和品位。这类顾客选购珠宝首饰时首先注重的是"款式""造型""颜色"和"装饰效果",其次是实际使用价值。具有这种购买动机的顾客多为青年男女和文艺界人士,他们看好了要购买的珠宝首饰,只要价格合理就不会计较太多。

(5)求便利。这类顾客时间观念很强,希望购买过程尽可能简单、迅速,不能容忍繁琐的手续和长时间的等候,但对产品本身不大挑剔。具有这种购买动机的大多是事业型的男性顾客。这类顾客是很多名贵宝石的购买者,对商品的品质要求很高,通常他们都熟悉要购买的珠宝首饰,并了解一些珠宝首饰的知识。这类顾客是比较好接待的一类顾客。

(6)求实。这类顾客选购产品的特征是"实惠""实用"。他们在选购珠宝首饰时,特别注重其质量、特性和使用方面的实质效用,不过分强调款式、造型、颜色等,不太考虑珠宝首饰的产地和公司等非实用价值的因素,但这类顾客对售后服务通常很关心。

(7)攀比。这类顾客在购买时不是出于对产品本身的实际需要,而是为了买回去与别人比较,向别人炫耀,或者是为了紧跟时代潮流。他们多为一些年轻人或者是一些家庭条件较好的妇女们,大多具有争强好胜、不甘居于人后的心理特征。这些好胜心理大都表现在对产品的品牌和档次的追求上。因此,这类顾客较易接待,他们通常都愿意购买第一个使自己产生购买念头的珠宝首饰。只要珠宝首饰销售人员了解了这一点,就不难成功交易。

(8)求新求异。有这种购买动机的顾客通常是为了追求珠宝首饰新颖的设计、特殊的性质或外观。许多已拥有一定数量珠宝首饰的消费者,或对新颖珠宝首饰有特殊兴趣的人会在此动机下购买珠宝首饰。这类顾客多为一些经济条件较好的青少年和青年消费者,时代感非常强,需求变化快,反应迅速,容易受外界环境和社会时尚的影响,是新款式、新功能产品的主要购买者。这类顾客选购产品时特别注重产品的款式、颜色、功能等是否新颖和流行,而不注重产品的品质、实用性和价格。

(9)癖好。这种顾客纯粹是因为喜欢珠宝而购买,因此一旦见到合心意的便买,如通过参加拍卖会等活动购买珠宝首饰。持这种动机的消费者大多是富裕阶层或有特殊爱好的人士,以及占有欲极强的人,他们的目的是拥有与收藏。因此,这类顾客对珠宝首饰的要求很高,要么贵重,要么新颖,要么有一定的历史背景。由于这类顾客对珠宝首饰了解甚多,在与这类顾客交易时要准确用词,绝不可以班门弄斧,这样只会令顾客反感。

(10)求爱。有相当一部分人购买珠宝首饰是为了送给爱侣以表示心迹,求得情人的欢心和关爱。因此,珠宝首饰能否传情达意和引起求爱对象的青睐及唤起爱的共鸣是他们最关心的问题。

(11)馈赠、礼仪。这种购买动机是为了纪念特别的日子,为了表达某种特殊的情感或为了表达对某人的感情。

在实际生活中,顾客的购买动机要复杂而具体得多,有时几种动机交织在一起,需细心揣摩,了解真实的动机,对症下药。可以根据顾客所感兴趣的饰品,推断他们倾向购买的类型。对顾客的了解与分类不能简单由收入来划分。

购买动机可能是多方面的,很多顾客往往可能逛过了多家店铺后才选择其中一家店铺,因此能否达成交易,全在于店员的正确引导。

课后训练

1.有很多时候,顾客说:"我只是随便看看。"有的顾客逛了一圈后出去,我们会判断,这个人只是看看。他(她)为什么会进来看一看呢?

2."钻石恒久远,一颗永流传。"这句广告词为何打动全球女人的心?顾客通过这件饰品(结婚钻戒)想得到什么?满足什么样的心理?

3.请描述一位给你印象非常深刻的老师,并加以分析其类型及特征。如果这样一位顾客走进珠宝首饰店铺,你认为较好的应对方法是什么呢?

单元八　珠宝首饰销售技巧

任务一　运用接近顾客的技巧

学习目标

通过本任务的学习,学习者能够:
1. 解释接近顾客的时机及接待方式。
2. 模拟接近顾客时机及接待方式。

知识要求

在初步和顾客接触时,需特别注意,在不同的时机和不同的场合,珠宝首饰销售人员要作机动性的调整。如果太早地接近顾客,会给顾客一种压迫感,使顾客产生警戒心;如果太迟的话,则会给顾客留下不亲切的感觉,致使他调头离去。因此,珠宝首饰销售人员在销售过程中要不断地积累经验,找出接近顾客的适当时机。

一、接触顾客的时机

1. 与顾客视线相遇时

当顾客光临店铺或是在浏览珠宝首饰的过程中与销售人员的目光相对时,珠宝首饰销售人员应主动地向顾客点头微笑,热情地说"您好,欢迎光临某某珠宝店"之类的话语,以表示对顾客的重视。与顾客打完招呼后,如果观察到这位顾客的眼光游离不定,只在店里逛来逛去,慢慢地浏览各种商品,那么暂时不需要和顾客作初步接触,应暂退一旁,细心地观察,等待再次打招呼的机会。

2. 当顾客表现出寻找某珠宝首饰的状态时

这种顾客的表现是在浏览的过程中左顾右盼,好像在寻找自己所需要的珠宝首饰。如果遇到这类顾客,要赶快走上前去打招呼:"您好,您需要些什么吗?"或"您好,有什么需要帮助的吗?"此种情况下的接触,越快越好,因为这样可以替顾客节省很多寻找的时间与精力,会令顾客很高兴,并有利于顾客购买所需的商品。

3. 当顾客停下脚步,注意观看时

在店内边走边浏览商品的顾客,突然停下脚步注视某一商品的时候,是与他打招呼的最好时机。如果顾客已经找到某种想要的商品,但没有人过来接待,那么他可能会走开,继续浏览其他商品。在这个阶段,一定要留意顾客注视的是哪一种商品,然后要帮助顾客拿出此商品,并能够趁热打铁地针对此商品的特征、优点、佩戴方法进行说明,如此才能收到好的效果。

4. 当顾客注视特定的商品时

如果顾客花很长时间只看某一商品,说明他对此商品非常感兴趣。这时应该视具体情况站在顾客的正面或侧面,轻轻地说:"您真有眼光!这款首饰是前天刚到柜的,我非常喜欢,帮您试试看!"

5. 当顾客抬起头来时

一般情况下,顾客抬起头来,表示有疑问或想要得到更多的关于珠宝首饰的信息,或者就是不想买了。如果是不想购买的话,应当立即迎上前去,亲切而热诚地对顾客说:"您喜欢什么样的饰品,我可以帮您介绍一下,您一定要试试看才能知道效果的。"通过珠宝首饰销售人员的补救,顾客也许会回心转意,而且会把他认为商品的不满意之处主动说出来,这时珠宝首饰销售人员主动适时接近就起到了应有的效果。

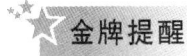

请用"欢迎光临某某珠宝"

谨用"随便看看"。多年以前,在消费能力不够的情况下,怕将顾客吓跑,希望顾客放松心防,所以会出现"随便看看"。时代进步到现在,大部分进到店内的顾客都买得起的,可以去掉这句问候。"随便",谁会认真呢?这是错误的潜意识。后面加上什么较好?

"欢迎光临某某珠宝。"语言上的潜意识广告。一天讲一百个,一年可以通过语言帮公司做三万六千次的广告。当他要买戒指时自然会想到"我去某某珠宝看看",变为脑中排名第一的珠宝店。这些话语要比"随便看看"好很多。

二、接待顾客的技巧

接待顾客是销售的真正开始。成功的接待顾客就是销售成功的一半,因此,珠宝首饰销售人员应认真做好接待顾客的工作,努力为销售营造一个良好的服务环境。

1. 主动接待,使顾客有宾至如归之感

珠宝首饰销售人员接待顾客时,应视顾客如贵宾,主动接待。应以亲切的目光相迎接,以笑容可掬的表情、明亮清晰的声音、适宜敬重的语言主动打招呼欢迎顾客的光临。

2. 多用赞美之词

喜欢被赞美是每个顾客的共同心理,一句赞美的话也可能促成交易的成功。在顾客所提出的问题不尽贴切,甚至对此有不同意的看法时,珠宝首饰销售人员要适时利用一些赞美语言,而不是马上提出反驳的言辞。例如"您是怎么教小孩的呢,小嘴巴好会说话,好可爱啊","您的皮肤是怎么保养的,这么好"。

3. 微笑面对顾客

珠宝首饰销售人员在接待顾客的过程中,要始终保持微笑。以微笑接待顾客,会令顾客倍感亲切;生硬地板起脸面对顾客,让顾客望而生畏,是不礼貌的行为,顾客也不会愿意选择这类销售人员推荐的任何商品。

4. 营造和谐的交谈气氛

优秀的珠宝首饰销售人员应该能为顾客营造一个和谐舒适的氛围,但要注意以下各点。

(1)努力设法让顾客保持好感。
(2)应表现出锲而不舍的精神。
(3)介绍珠宝首饰时,条理要清晰分明,要让顾客信任。
(4)避免让顾客久等,以免破坏交谈的气氛。
(5)一定要保持诚恳自信的态度。
(6)若是熟悉的顾客,绝对不可弄错顾客的姓名、职位和爱好等。
(7)常露微笑,表情要显得温柔。
(8)尽早切入话题,找出双方的共鸣点。
(9)应养成将顾客的问题或异议记录下来的习惯。
(10)要站在顾客的立场考虑问题。顾客越多越要聚精会神地接待,适当地利用一些时间差,对减少顾客的等候时间是很有效的。

5. 对产品要有信心

在与顾客交谈时，顾客一定会提出许多问题，如果珠宝首饰销售人员的回答没有让顾客满意，那顾客对商品就会缺乏信心。只有经过不断的磨炼、有系统的训练，对产品有相当的了解后，才能累积丰富的经验，进而对自己销售的珠宝首饰有信心，对自己的能力有信心。

金牌提醒

珠宝首饰销售人员有多喜欢自己的品牌、自己的饰品，决定了在销售中传递出来的热情和影响力！销售是说服顾客的过程，说服是一种信心的转移！

6. 为犹豫的顾客做好介绍

对犹豫不决的顾客，要持理解的态度，不能催促。顾客在购物时，经常是由于缺少经验而犹豫不决，珠宝首饰销售人员应帮助顾客挑选商品，并向顾客详细介绍商品的性能和特点，使顾客解除疑虑，做出购买的决定。不要因为顾客挑选时间长，而不礼貌地催促，这会造成顾客手忙脚乱，有可能失去成交的机会。

7. 热情回答顾客的咨询

顾客在购买商品时，有时会提出这样或那样的问题，尤其是买珠宝首饰这样的高档商品时，因其价格较高，顾客总希望多了解一些有关选择、使用和保养等方面的知识。珠宝首饰销售人员要热情解答，声音要轻柔，答复要具体，不能害怕麻烦，更不能冲撞顾客。

三、接待原则

1. 诚实守信

珠宝首饰销售人员应对公司珠宝的制作过程和品质，如宝石的选择、黄金的成色，甚至款式的设计等，有充分的了解和把握。在向顾客介绍的过程中要实事求是。

2. 审美认同

审美认同指珠宝首饰销售人员与顾客应有相通的审美心态，进而产生心理认同的过程。珠宝首饰销售人员必须了解和掌握顾客的消费心理和审美倾向、购买珠宝的目的、所属的消费层次、职业习惯、爱好等。只有在了解了这些基本信息后，销售人员才有可能准确地"捕捉住"顾客的欲望和实力，并予以适当的引导，最后顺利成交。

3. 化腐朽为神奇

珠宝首饰销售人员仅有一般的专业知识还不够,还必须有化腐朽为神奇的本领,对珠宝要有深入而专业的了解。例如,一些天然珠宝往往带有或多或少的瑕疵,这就需要珠宝首饰销售人员具备足够的宝石知识,能向顾客详细介绍不同的天然宝石经历了不同的形成过程,不同质量的宝石与价格之间的对应关系等。甚至可以告诉顾客,很多宝石中的一些特殊的瑕疵,有时正是难得的天然标志,它可以随时向人们证明其天然的品质等。只要介绍得当,不但能给客人留下深刻的印象,而且还能点石成金,使瑕疵起到促销的作用。

☆ 销售案例

某日下午,销售人员小李接待了一位购买翡翠挂件的中年女性顾客。小李向她推荐了一件翡翠如意。

"怎么背面有一颗黑点?"顾客突然发现在翡翠如意的背面有个黑点。

"张姐您看,若经过优化处理,这一点您是会找不到了,但是这整块翡翠就是B货了。俗语说得好,瑕不掩瑜,不影响玉的观赏、价值,这也正是古人的智慧。您看呢?您看这个挂件颜色鲜艳欲滴,加上水头的映衬,通体晶莹剔透,充满灵气。是吗?您看这个挂件的雕工精湛,绝对是一款不可多得的宝玉!"顾客听小李这么解释,脸上的表情便"阴转晴"了。

4. 纵横比较

纵向比较,指的是将自己店铺中的珠宝首饰进行质量与价格的比较。横向比较则是指将自己店铺的珠宝首饰与其他珠宝商的珠宝首饰相比较。纵横比较的目的是让顾客增加对自己所看中的珠宝的信心,并形象地感受到自己选择的正确。

5. 因人而异

在销售珠宝首饰的过程中,珠宝首饰销售人员每天都会遇到一些具有不同性格特征的购买者,有些人可能是带有某种典型气质的人,有些人则是多种气质混合的人。不同气质的人处事方式及购买的决策过程都是不同的。作为珠宝首饰销售人员,要以自己的"不变"去应对顾客的"万变",因此销售的方法也必须因人而异。

6. 因势利导

走进珠宝首饰店铺的人,并不是都能意识到自己需要什么样的珠宝。珠宝首饰销售人员应该对顾客加以适当的引导,再慢慢了解顾客的需求,让顾客最大限度地了解店内珠宝的款式、品质和价格,再不失时机地进行推介,因势利导,这对于成交或争取到潜在顾客都是很有帮助的。

7. 一视同仁

人们在购买贵重珠宝首饰时，往往要进行详细的市场调查，评估不同商品的各项因素，如信誉、款式、质量、价格、服务态度等，货比三家。因此，珠宝首饰销售人员不可因为顾客暂时不买，就给对方脸色看，而要一视同仁，以专业的知识及优质的服务最终赢得顾客的认可。

> **金牌提醒**
>
> 没有人喜欢被别人差别待遇（贵宾式待遇除外）。每一位珠宝首饰销售人员都面临着相同的机会，但机会只会留给最积极、最一视同仁的销售者。一视同仁的服务心态，让你掌握成交概率！

8. 观察入微

在珠宝销售过程中，如果顾客有了购买的决心，在言谈举止上就会有所反映，珠宝首饰销售人员要从细微处观察顾客，及时把握有利于成交的信息，促成交易。

任务二　通过询问探寻顾客需求

> **学习目标**
>
> 通过本任务的学习，学生能够：
> 1. 通过向顾客发问促进顾客的购买。
> 2. 模拟销售中向顾客提问的环节。

> **知识要求**

向顾客有效地询问问题可以使珠宝首饰销售人员在销售过程中，有效地掌握沟通的主动权，最终实现销售。

一、询问的原则

1. 优化问题

在与顾客沟通的过程中，珠宝首饰销售人员可以通过设计与运用问题的方法，记住所要询问的主要问题，有效地掌握谈话的主动权。问题的设计应根据商品的不同有所区别，这样才能设计出适合自己所销售商品的问题表，并能加深印象,不至于在与顾客沟通的过程中卡壳。金牌销售都知道一个秘诀,他们不问顾客"您要不要买这件首饰?",而是直接问:"您是要买这件还是那件首饰呢?"

2. 不要连续发问

销售人员在与顾客进行沟通的过程中,需要艺术性地询问,并掌握好时间节奏。连续发问会给顾客造成压力。

销售人员在询问顾客问题时,尤其要注意避免连续地询问超过三个问题。因为这样会引起顾客的反感,使他们觉得有压力,受到控制。这时顾客会出现逆反心理,最终可能导致拒绝回答,甚至一走了之。

3. 从顾客回答中整理需求

每个问题背后都存在答案,珠宝首饰销售人员从顾客的回答中整理顾客的需求是询问的又一技巧。通过询问一系列问题,不断进行筛选,直到最后剩下一款到两款,然后再让顾客选择。在这一过程中,珠宝首饰销售人员切记答非所问,必须给予顾客足够的关注。

二、询问的方式

询问方式分为两类:一类是开放式询问,另一类是封闭式询问。

1. 开放式询问

开放式询问是指不能只用"是"或"不是"就能回答的问题,而需要运用叙述、说明和论述来阐明问题。开放式询问有利于打开话题,营造一种友好的双向沟通氛围,有助于获得更多的信息,但要注意掌握好询问时机。开放式询问主要由"怎么""什么""为什么"等引发。例如:"您是做什么的?""您的皮肤看起来很细腻,平时都是怎么保养的呀?""您的孩子多可爱呀!今年几岁了?""快过'五一'了,您打算去哪儿旅游呀?"

需要征询顾客意见,发掘更多信息或启发对方表达自己的看法和意见时,可以使用开放式的询问。一般用在销售的开始阶段。对于沉默型的顾客要多使用开放式的问题,尽量让他多说话。

2. 封闭式询问

封闭式询问是只用"是"或"不是"就能回答询问或有固定可选答案的询问。运用封闭式询问来发问,有助于缩短沟通时间,提高谈话效率,但用得不好或用得太多会给人压迫感,令话题难以进行下去。所以珠宝首饰销售人员在运用这种方法时,也要把握好时机。例如:"您是说要花很多时间做家务,是吗?""您的皮肤是否很容易过敏?"

需要对方做出选择或是要澄清对方所提出的问题,让对方对自己说的话进一步明朗化,或问句本身已强烈地暗示出预期的答案时,可使用封闭式的询问。如果在询问后,得到一个负面的答案,销售人员可以重新问一个开放式的问题来询问原因。问完后,不要担心沉默的气氛,要给顾客一些时间回答。

三、问题设计技巧

1. 询问是掌握主动权最好的方法

询问是掌握主动权的最好方法,一般的人都会选择先回答对方的问题。提问技巧可帮助销售人员把握谈话方向,掌握主动权,激发顾客的购买欲望,在不利的情况下赢得时间。有了开场的交流切入后,就可以询问。例如:"您需要看哪方面的饰品?"为开放式问题,"您想看看生肖挂件还是吉祥挂件?""您喜欢红色的吗?"为封闭式问题。

在询问顾客时,先用开放式提问,后用封闭式提问。一两个开放式提问后,销售人员要进入整理需求的阶段。

2. 根据顾客的回答整理需求

作饰品介绍之后,就要尽快了解到顾客究竟喜欢哪款,是当天就有购买意向还是先打听看看,顾客有哪些个人喜好。这样才能向他推荐最合适的饰品,帮助顾客做出明智的选择。销售人员可以通过向顾客推荐1~2件饰品,做尝试,观看反应,进一步了解愿望,同时询问分析并倾听回应。展示试戴饰品与揣摩顾客需求要交替进行,共同推动。下面是一段现场交流。

★金牌销售:"您比较注重首饰的哪方面?"

顾客:"款式要独特(或者看上去要气派些)。"

★金牌销售:"款式独特的有……"(开始介绍)

★ 金牌提醒

在与顾客交流时别答非所问,不要将自己的看法强加给顾客。如果销售人员的回答与顾客的回答没有丝毫关系,就表示没有专心听顾客的回答,不够尊重顾客,往往会激怒顾客。

3. 淡化价格问题的提问

如果有顾客过早直接切入"您这个多少钱,多少钱能卖""好贵啊"等价格问题,怎么办?可参考以下两种回应方式。

★金牌销售:"先看我们的品质和服务,这些才是您是否安心佩戴我们饰品的关键,您说是吗?"

★金牌销售:"我们先看喜不喜欢,这件饰品如果喜欢的话,它就很有价值,如果您不喜欢它,再好,您也不会购买,是不是?"

这个过程争取让顾客点头,不再周旋,然后继续讲解,激发购买的欲望。

★ 金牌提醒

一旦进入价格谈判,对我们就不利了,因为顾客根本还没激发购买的欲望,那就只有一个价格的部分可以谈。一般,我们可以用几种回答的方式,将价格问题淡化后,继续做激发购买欲望的工作。当饰品的价值充分体现后,就会减少价格的问题。

4.促进购买的询问

为促进购买,珠宝首饰销售人员要挖掘消费潜能,循序渐进地推荐。一件饰品成交后,不要太快结束,多聊聊。比如在顾客买完戒指后,提供其他的款式让顾客看。可以参考以下促销方式。

★金牌销售:"有一根手链,我介绍给您看看,非常有特色,这是整个柜里我最满意的一件!它和您的戒指相互呼应,搭配起来完美无缺!"

5.关心顾客的询问

珠宝首饰销售人员要多用关心顾客的询问,并在谈话过程中多些赞美之语。可参考以下方式。

"您是怎么教小孩的呢?小嘴巴好会说话,好可爱啊。"

"您的皮肤是怎么保养的?这么好。"

"您对哪类饰品感兴趣?"

"准备自己佩戴还是……?"(微笑沉默地看着对方,让顾客去讲)

"您比较看重哪些方面?第一比较注重什么?第二呢?"

"喜欢单件还是套装?"

"您心中有什么样的预订价位呢?"

"喜欢简单些还是华丽些的样式?"

"这一款,您觉得如何?"

★ 金牌提醒

赞美顾客看起来与购买饰品无关,但与顾客心中那份美好的感觉有关。小孩是女性的骄傲,皮肤好也是她的骄傲,如果你能注意到,并且谦虚地向她询问,顾客会觉得,我们是同路人,有共同话题。顾客除了关心自己的利益、饰品方面的需求,更关心自己的感觉。感觉是与顾客沟通过程中慢慢建立起来的,我们要做的就是通过询问顾客最关心的事情来营造良好感觉。

★ 金牌案例

星期天,小张去百货公司准备给朋友挑一件生日礼物。以下是她的逛街过程。刚到手表柜,珠宝首饰销售人员接待了她。

营业员:"您需要哪一款,我拿给您试试?"

小张:"我随便看看。"

营业员:"这款很适合您的气质,戴上肯定好。"(营业员很热情地从柜台里拿出一款。)

小张:"我给朋友看生日礼物的。"

营业员:"噢,那您觉得这一款怎么样呢?"

小张:"我不太喜欢。"

营业员:"这款特别好卖,防水型设计,您看看……"(营业员又热情地拿出两款。小张心想,又不会游泳,难道戴着手表洗澡?)

小张:"我还没想好,我自己看吧,谢谢您。"

营业员转而去接待其他顾客。小张刚转身就听到相同的话,"您气质真好,戴这款肯定合适"。

小张又逛进另一家珠宝店。

★金牌销售:"您是看自己戴的还是……?"

小张:"送朋友的。"

★金牌销售:"做您的朋友真是很幸福!那您能描述一下这位朋友吗?比如她有什么爱好、兴趣啊?对时尚有什么要求?"

小张:"她是个护士……平时下班喜欢看看书,弄弄花草……"

★金牌销售:"她肯定是个很有内涵、很有爱心的女孩子,是吗?想好给她挑选什么吗?"

小张:"我对首饰不太懂,不过她们上班不能戴戒指什么的。"

★金牌销售:"选款吊坠,天天贴身戴着,温馨长久。直觉告诉我,翡翠她肯定会喜欢!这种美是需要懂她的人慢慢欣赏的。您觉得呢?"

小张:"那就听您的吧……"

请你思考,为什么手表专柜的营业员没有推销成功?

这是两位销售人员通过询问、交流想将产品推荐给顾客的案例。这两个案例的前提基础相同,都是顾客有购买需求而来,但结果却不同。主要原因是第一位营业员急于将产品推销出去,忽略了与顾客的交流。不了解顾客需求就自以为是地做产品推荐就像盲人狩猎一样,命中率自然低。顾客只买适合她的产品。只有了解到真正的需要,才能卖给顾客最好的。将"防水型手表"推荐给爱游泳者,一定很受欢迎。另外营业员的赞美,苍白无力,如"风格、气质、身份",这几个词都是被使用频率最高的词,就好像满大街从五岁到八十岁,不管美丑都被称为"帅哥""美女"。动动脑筋,换个说法,顾客会喜欢的。

在珠宝专柜中使销售顺利进行的因素有哪些?

金牌销售通过开放式问题与封闭式问题交替,进行了很好的提问,一步步与顾客交流,激发并锁定了顾客的需求。给顾客的感受是,金牌销售在体贴地为他考虑。在接待过程中,金牌销售适时地对顾客进行了到位、不俗的赞美,且用提问的方式不仅表示出对顾客朋友的赞赏,同时表达对顾客的尊重,让顾客不得不认同。

任务三 运用推荐珠宝首饰商品技巧

★ 学习目标

通过本任务的学习,学习者能够:
1. 解释向顾客推荐产品的原则。
2. 模拟根据顾客的需求推荐产品。

★ 知识要求

珠宝首饰销售人员向顾客作商品说明时,必须首先懂得商品知识,如商品名称、种类、价格、特点、品牌、产地的基本概况、成分材料、款式风格以及不同层次顾客的需求心理等。珠宝首饰的推荐会依照顾客选购情况的不同而有所改变,有时甚至是同一件首饰,因为顾客的购买原因不同,商品说明的内容也会有所不同。

一、日常珠宝首饰销售中常用的推荐方法

1. 针对顾客的需求进行推荐

针对顾客的重点需求和最想知道的部分进行重点说明,只有这样,顾客才会有兴趣去听销售人员说些什么。假如不配合顾客的需要,随意为顾客介绍一种顾客根本不需要的首饰,对重视款式的顾客大讲商品的性能先进,对追求品质的顾客大讲价格便宜,这种不得要领、不着边际的介绍非但不能使顾客产生信赖感,反而会弄巧成拙。所以,珠宝首饰销售人员应在把握顾客需求的前提下,有针对性、有重点地加以说明。比如,对注重珠宝首饰款式的顾客,应针对珠宝首饰漂亮的造型和款式向他们作介绍;对注重首饰品质的顾客,应以质地判断为重点加以说明;对追求物美价廉的顾客,则可以向他强调物有所值的道理;对重视

首饰潮流时尚的顾客,应着重说明目前最流行的款式。当然,所作的说明必须正确,不能欺骗顾客。

2. 推荐时要注意身体语言

有时,销售人员在作饰品解说时,滔滔不绝,自说自话,眼睛不观察顾客的反应,这样做只是把要推荐的饰品解说完,却达不到想要的推荐效果。事实上,顾客有很多的肢体语言需要销售人员去观察,从中判断出顾客的心理和态度。销售的成败部分取决于非语言的交际过程。

1)珠宝首饰销售人员的肢体语言

(1)微笑。珠宝首饰销售人员面带真诚的微笑会使顾客觉得亲切,但若表现出刻板的微笑,可能会失去顾客的信任。

(2)适时地注视对方的眼睛。珠宝首饰销售人员推荐商品时应看着顾客的眼睛而不是前额或肩膀,以表明对他的尊重。这样做不仅能使顾客深感满意,也能防止顾客走神,更重要的是,可以增强自己的可信度。如果与顾客交谈时不看顾客的眼睛,顾客就会有这么一个印象:这位销售员对我所说的话不感兴趣,或者他对自己所说的根本没有把握!

同时,我们可以从顾客的眼神里看到顾客对饰品的态度。每个眼神都会透露出信息。当你讲到重点时,如果顾客抬起头,眼睛闪出光芒,表示他已经被饰品吸引。如果顾客一直表现出疑虑的眼神,销售人员可以采取直接发问的方式,如"您是不是有什么问题,不妨说出来,我也许能帮助您"。不要让疑问憋在心里,否则只会给销售人员造成心理负担,越讲越急,不仅破坏了整体形象,且让顾客怀疑销售人员的能力。

2)顾客常出现的肢体动作

珠宝首饰销售人员同时也要读懂顾客的肢体语言,让销售更有效率。

(1)双手抱胸。表示对立,有防范之心。销售人员需要在亲和力上下功夫,通过询问的技巧来拉近彼此之间的距离。

(2)上身前倾或者愿意坐下来。表示沟通有所进展,顾客开始产生兴趣,销售人员需要把重点放在激发顾客的购买欲望上。

(3)频频点头。表示有购买意向,销售人员应抓紧时机结束谈话。

3. 向顾客推荐商品能带来的利益

这种方法是指介绍珠宝首饰的特点、材料、质量、特性等时,同时向顾客介绍珠宝首饰会给顾客带来的好处和利益,即以珠宝首饰的"特点——优点——利益点"这三点作为推荐重点的一种推荐方法。需要推荐的珠宝首饰的特点转化为即将带给顾客的某种利益,充分展示了珠宝首饰最能满足和吸引顾客的那一方面。利益点的陈述是将优点"翻译"成一个或者更多的购买动机,即告诉顾客将如何满足他们的需求。这是顾客最需要的,也是最有说服力的购买理由。例如,销售人员可以说:"这是我们刚上柜的最新款钻坠,不管你走到哪儿别人第一眼就能注意到它,因为它的样式太独特。"

金牌提醒

销售人员一定要记住:自己所销售的并不只是商品,它还能给顾客带来某种利益。针对不同顾客的购买动机,要把最符合顾客需求的商品利益向顾客推荐,这才是成功推荐的保证。彼得·德鲁克曾说:"从顾客角度看世界。"

4. 演示示范法

演示示范法就是通过某种方式将珠宝首饰的优点、特色展示出来,使顾客对产品有一个直观了解和切身感受。只用语言来介绍珠宝首饰,面临两个问题:①珠宝首饰的许多特点无法用语言介绍清楚;②顾客对介绍半信半疑。这时,进行演示示范就很重要。可以结合具体珠宝首饰情况,通过刺激顾客的触觉、听觉、视觉来进行示范。一个设计巧妙的示范方法,能够创造出销售奇迹。例如,在介绍翡翠的质地与价格的时候,顾客可能会迷惑不解,可将不同质地价格差异大的两块翡翠放在一起对比展示给顾客看。通过珠宝首饰销售人员这种直观的演示,顾客自然就能明白这种优质翡翠是物有所值了。

5. 适时沉默法

珠宝首饰的推荐并不意味着滔滔不绝地向顾客说明首饰的特点,珠宝首饰销售人员要学会适度地沉默。在做完了产品介绍与示范后,不妨停止说话而开始聆听,这时沉默是高明的。适时沉默法可以让顾客有说话机会,发表自己的看法、想法。许多人对销售人员的直观印象就是能言善辩。"多言之客以耳闻,少言之客以口问",这句话的意思就是面对夸夸其谈的顾客要多用耳朵听,面对沉默寡言的顾客要多提问。"言多必失"是大家都了解的道理,切忌多言多语,但是在刚接触顾客时,不能用沉默法,而在介绍产品时就要适当地减少语言,尽量用事实说话。适度沉默有一个重要作用,那就是给自己一个缓冲的机会,整理一下思路,反省一下刚才向顾客说明的内容有无需要补充的地方或有无漏洞。如有漏洞或过失,则应在下一阶段进行弥补。整个销售过程应该能控制节奏,做到有张有弛,不要滔滔不绝,那样容易使对方感到厌倦和疲劳。适时的沉默一定会有助于最后的成功。

6. 逐项说明法

通常顾客的需求并不仅限于一个,会出现两种或多种需求并存的情况,对此销售人员应有条理地逐项向顾客说明。比如，一位顾客同时注重首饰的款式、价格和品质，那么在介绍商品时，销售人员应逐项向顾客说明，绝不能顾客问一句答一句，更不能不知所措，胡子眉毛一把抓，使顾客无所适从。在介绍时，珠宝首饰销售人员可以把特性概括起来，如"这个首饰主要有四种特性，第一，……第二，……"用数字概括的说明，能使顾客一下就记住了首饰特性。如果他非常感兴趣的话就会一项一项去探寻首饰特性的内容。

7. 语言艺术法

语言是顾客了解珠宝首饰的重要途径，因此珠宝首饰销售人员在推荐时一定要掌握一定的语言技巧。

1）多用肯定句，少用否定句

一般情况下，如果肯定句运用得巧妙就可以代替否定句来回答顾客的一些提问或异议，并且效果更好。

案例

顾客问："这种款式的首饰有便宜的吗？"

销售人员："没有。"

这就是否定句，顾客听了这话，一定会说："那就不买了。"于是转身离去。如果换个方式回答，顾客可能就会有不同的反应。

★金牌销售："真抱歉，这种款式进货时进货少，已经卖完了，不过，我觉得那种款式的首饰和您的脸型更相称，您可以试一试。"

这种肯定的回答会使顾客对其他商品产生兴趣。

2）多用"是的，只是"

这种方法在回答顾客提问时，简单易行，非常有效。这种方法一方面可以表示同意顾客的意见，另一方面又能解释异议产生的原因及顾客看法的片面性。

案例

顾客："我想买这一枚蓝宝石戒指，但这价格也太贵了。"

★金牌销售："是的，我能理解，只是您也知道宝石的价格和品质息息相关。您看这枚戒指颜色纯正净度也相当不错。您是行家，一定知道这枚戒指是物超所值的。"

用一个"是的"，对顾客的话表示赞同，用"只是"激起了顾客的好奇心。这种方法可以让顾客心情愉快地改变对蓝宝石价格的看法。

3）先贬后褒

在向顾客推荐珠宝首饰时，有时也可以先说出其缺点，然后再详细介绍优点,即先贬后褒。这种方法运用时要注意言语生动,语气委婉,实事求是,并且要对珠宝首饰的优缺点有所侧重,朝着积极方向发展。

 案例

销售人员:"这枚钻石戒指颜色黄了点,但是个头很大并且价格比白一点的这枚要便宜2 000元,买下来是很划算的。"

4)利用专业术语

为了更好地吸引顾客的注意力和更好地解释清楚珠宝首饰的特点,可以利用一些珠宝首饰特有的性质特点的专业术语来推荐珠宝首饰。这类术语往往都是约定俗成的,平时应该多积累一点素材,在销售时才用得上(表8-1)。

表8-1 珠宝首饰品质特征及形容术语表

珠宝名称	品质特征	形容术语
有色宝石,如红宝石、蓝宝石	颜色很正,二色性不明显	颜色纯正
钻石或无色宝石	色散强,宝石表面闪烁出多种颜色的现象	火彩好(火头好)
玉石	透明度高、质感润	水头好(足)
玉石及珍珠	结构致密滋润	质感细腻
精美的钻戒等	款式设计不落俗套	富有新意
经典的首饰	有吸引力和有经典的美	典雅动人
造型美感强烈的珠宝首饰	设计者有较高超的专业技术和修养	才华横溢
首饰或玉器	工艺细腻、精致	做工精细
大颗的红、蓝宝石或钻石	豪华,品质高	气质尊贵

以上方法只是日常运用的方法中的一小部分,珠宝首饰销售人员要想做好推荐工作,必须不断地学习。总之,在推荐时,珠宝首饰销售人员不应紧握教条不放,要大胆地运用一些新颖的方法,来达到积极的效果。

二、珠宝首饰商品推荐技巧

1. 用语言描绘美好的使用画面

在销售的过程中,语言的最大功能就是:在对方的大脑里清晰描绘出幸福美满的使用画面,激发起顾客的购买欲望。语言构图是主题加上场景,串成一个故事,用两三句话将幸福美满的使用画面描绘出来。

案例

(1)"您戴上这对心形的钻戒,和男友在月光下散步,心形的钻戒正印证着两位心心相印,真情永久。"

(2)"戴着这枚优质切工的钻石走在阳光下,您的心情一定会和这颗钻石一样如阳光般灿烂。"

(3)"当您的女友打开这个饰品盒,看到一枚印有'珠联璧合,佳偶天成'玲珑剔透的翠件,一定会心动。"

(4)"当您明天戴上这款方形钻坠走进办公室时,您的同事一定会为您拥有个性不羁的钻坠而羡慕不已。"

(5)"当您戴着它参加朋友的聚会,手上的光芒一定会吸引所有人的目光。"

(6)"小姐,我想告诉您的是,您看您这个名贵又精致的包很漂亮,但是如果您的手腕上再配上一条心仪的手链,那将是完美搭配!您可以想象一下挎着名贵的拎包、戴着典雅的钻石手链,在任何场合下,您都会被众多目光所吸引,不似明星胜似明星!"

2. 使用具体的语言代替抽象的语言

(1)"这是我们刚上柜的最新款钻坠,您看这枚吊坠中间的钻石是可以转动的,会随着您的动作而转动,整体看起来非常的灵动。"

(2)"不管您走到哪儿别人第一眼就能注意到它,因为它的样式特别独特。"

3. 语言与身体动作要配合

公司在各个阶段会推出精心策划的活动。当我们将推出的促销活动介绍给顾客时,必须考虑有无将活动展现出的价值和气氛传达给顾客。如果今天你很理智,顾客也会很理智,大家一起理智,这种感觉在销售中是很不利的。要让别人兴奋,首先要让自己很兴奋!兴奋度会促使顾客愿意尝试。在语言和肢体上将兴奋之情表达出来,才能有办法激起顾客购买的欲望!

案例

(1)"哇,先生您真是幸运!现在刚好是我们年庆的时间,现在买是最最划算的!我帮您介绍!"

(2)"某小姐,您好!我刚刚想打电话给您,我们现在在做圣诞节活动!帮您留了两款难得一见的款式!"

(3)"某某,快快快,您想要看的翡翠手镯今天刚刚到货!我帮您留了两个,漂亮极了!不过只能帮您留一会儿,今天下午您几点钟可以过来呢?"

(4)"世界小姐关琦为我们展示的获奖饰品刚刚上柜了!"

4. 用构图法将产品的卖点描绘给顾客

> 案例

(1)"两位真是很有眼光!这是我们推出的心心相印款。这颗代表您男朋友永恒浪漫的心,这颗是您女朋友温柔体贴的心,相知相惜,永不分离。"

(2)"戴上这对戒,不管两位身在何处,只要看到它,都会感受到对方的关心和存在。"

(3)"您戴着这枚钻坠去参加朋友的晚宴、婚礼时,肯定是最光彩照人的!"

5. 制造热销的气氛

珠宝首饰销售人员一般会利用顾客的从众心理,制造热销的气氛。

> 案例

(1)"这是某某系列,是我们首饰设计独家拥有的,刚刚获得某某奖,每个款式只推出少量,特受欢迎!您朋友看您戴后喜欢,想来买也不会有了。"

(2)"很多人买过之后,佩戴感觉特别好,还介绍朋友来买。"

(3)"这枚独家设计的赠品,只有几个,赠完即止,买不到的!"

任务四 运用顾客异议处理技巧

> 学习目标

通过本任务的学习,学习者能够:
1. 了解顾客异议的种类及处理方法。
2. 模拟异议处理场景。

> 知识要求

一、顾客抱怨的主要原因

即使是服务最好的店铺,也难免会出现失误。失误产生的原因很多,比如货品质量出现问题而得不到解决、服务不到位等,所有这些都会引起顾客的不满。有学者曾做过统计,当出现服务失误导致顾客不满后,不满的顾客会向 10~20

人讲述自己的经历,但抱怨或投诉得到解决的顾客也会向 5 人讲述他的经历。顾客意见如果得到满意解决,他们会比从未产生不满意的顾客更忠诚。所以,处理好顾客抱怨和货品退换工作是挽回顾客的一个重要手段。顾客常见的抱怨有以下几点。

1. 对货品的抱怨

(1)货品质量不过关。有些货品在进货时没有严格把关,导致一些质量低劣的货品进入店铺。顾客使用一段时间后出现的质量问题有首饰表面镀层短时间内脱落、K 金首饰导致皮肤发痒或红肿、镶嵌饰品镶嵌不牢导致宝石脱落、产品上无生产厂家或成色印记等。对于这类抱怨,根本的解决方法是在进货方面严格把关,严格控制进货渠道,非正规来源货品不进;在陈列货品时要小心摆放,在售卖货品时应认真查看,绝不让有质量问题的货品流入顾客手中;对于已有几次投诉质量问题的货品,应立即调整货品结构,重新选择优质货品,以免影响店铺形象。

(2)顾客对货品使用不当造成的质量问题。对某些珠宝首饰,由于顾客使用不当,也会造成质量问题。如某些款式的项链类饰品,如使用不当通常容易挂住衣服或头发,顾客在使用过程中,很有可能处理不当而导致项链断裂。另外,对于珍珠类首饰,在佩戴和存放时,要与其他首饰分开,否则会因为珍珠的低硬度而导致其表面产生划痕从而影响其光泽和美感等。对于这些由于使用不当而造成的质量问题,顾客也通常会提出疑问。

(3)货品价格过高。顾客在购买过程中,通常会对不同品牌珠宝首饰的价格进行比较,导致顾客对店铺销售的货品价格敏感度高,往往会因为货品定价较其他品牌的定价高,而有所抱怨并提出异议。

(4)标识不符。货品包装标识不符,通常成为顾客购物的障碍,也成为顾客抱怨甚至投诉的对象。对于珠宝首饰店铺来说,顾客对标识的主要抱怨通常包括:货品上的价格标签模糊,看不清楚;货品上同时出现几个不同的价格标签;货品上的价格标识与促销广告上的价格标识不一致;货品外包装上的说明与首饰产品上的印记不符,如销售商品牌与制造商品牌不一致。

(5)货品缺货。顾客对店铺货品缺货的抱怨一般集中在热销货品和特价货品上,或是店铺没有销售而顾客想要购买的货品。而且店铺因为热销货品和特价货品卖完而来不及补货也会让顾客产生经常性缺货的印象,致使顾客心存怀疑,感觉被欺骗,导致顾客对该店铺失去信心。这样不仅会流失老顾客,更重要的是损害店铺形象。

2. 对服务的抱怨

服务也是顾客投诉的一大热点,尽管各店铺都知道服务的重要性,并都在努力地提高服务质量以争取顾客,但服务质量不佳的事件仍时有发生,主要表现在以下方面。

(1)服务方式不当。如接待慢,颠倒服务顺序,后到的反而先得到服务;不管顾客多么反感,喋喋不休地介绍货品,诱导顾客购买;对货品的相关知识了解不多,无法解答顾客的疑问;缺乏语言艺术,说话生硬;等等。

(2)服务态度欠佳。如只顾聚众聊天,忽视顾客;顾客挑选试戴后不买时,前后态度差异大,立即板起面孔,不理会顾客或出言不逊。销售人员衣着不整、浓妆艳抹、举止粗俗、互相争吵、对顾客询问表示不耐烦或敷衍了事都会影响顾客的购买情绪并引发抱怨。

(3)收银作业不当。如结算错误、多收钱款、结算速度慢,造成顾客久等;包装作业失当,导致包装盒或袋破损;或入袋不完全,遗留顾客的物品等都会引起顾客抱怨。

(4)现有服务作业流程不当。如抽奖或促销活动等赠品发放不公平,顾客投诉的意见未能得到及时妥善的处理和解决等。

对于顾客这方面的投诉和抱怨,根本的解决方法是提高珠宝首饰销售人员自身的素质,为顾客提供良好的服务。提高珠宝首饰销售人员素质的方法有以下几种:①做好上岗前的职业培训,培养良好的职业道德和高水平的服务技能;②举办各种业务竞赛活动;③制定相关服务规定,强制执行,督促销售员不断改进服务质量。

二、顾客抱怨的处理

顾客好比免费的广告,关键是该免费广告所带来的是正面效应还是负面效应。当顾客有好的体验时,会告诉5个其他的顾客,但是一个不好的体验可能会告诉20个其他的顾客。所以,如何让顾客成为店铺有利的免费宣传员,使店铺达到持续经营的目的,有赖于珠宝首饰店铺的销售人员能否适当处理每一个顾客的抱怨。店铺内的任何人员,不论是服务人员还是管理人员,不管他们在店内有无处理顾客异议的权力,在接收顾客抱怨意见时,其处理原则都是一致的,都应认真对待顾客的投诉意见。

★金牌提醒

和顾客争辩,输的永远是你。

1. 真诚倾听法

珠宝首饰销售人员处理顾客异议最基本的方法就是:不论顾客说什么,都要全神贯注,认真倾听,让顾客充分表达他的意见,千万不要打断顾客的谈话。即使知道顾客下一句要说什么,也不要试图打断顾客。同时,珠宝首饰销售人员还要适时做出反应,给予顾客巧妙的而非装腔作势的回答,以引导顾客最终同意珠宝首饰销售人员的观点。在运用技巧时,应遵守真诚的原则。眼睛是心灵的窗口,销售人员可通过眼神向顾客传达自己的真诚。

案例

顾客因为一些原因发火了。

金牌处理:"嗯,我能理解。来我们这边,请坐下来谈……"

金牌处理:"先生,我刚才讲得不够清楚。先喝杯水,有问题我们一起解决,好吗?"

金牌提醒

顾客在气头上,或者脾气不太好,销售人员有必要请他到办公室或僻静处坐下来谈。通常情况下当对方坐下来之后,会难以高声(这时声音音量变小,持续力降低)。站着,肢体语言会很多;有观众时,不满的顾客会声音更高,因为期望其他顾客形成助威团。

2. 问题引导法

顾客提出异议后,珠宝首饰销售人员直接以询问的方式向顾客提出问题,引导顾客在不知不觉中回答自己提出的异议,甚至否定自己,转而同意珠宝首饰销售人员的观点。珠宝首饰销售人员要妥善处理好顾客的异议,必须明确顾客异议的真正含义、真正原因。

珠宝首饰销售人员在具体运用问题引导法时,需注意以下几点。

(1)珠宝首饰销售人员向顾客提问时不要急于求成,应由浅入深、循序渐进。

(2)要针对解决顾客异议的目的进行提问,对那些无助于引导顾客的问题则不必询问,以免浪费时间或节外生枝。

(3)应通过提问引导顾客说出真实的想法,使顾客逐渐认识到珠宝首饰销售人员的观点是正确的,并且要让顾客感到购买决定是他自己做出的,而不是因为别人的强迫或盲目听从别人的意见做出的。

(4)向顾客提问要适可而止,要随时注意观察顾客的心理活动和表情,对顾客难以启齿的问题或根本说不清的问题不要追问,以免冒犯顾客。

(5)向顾客提问是为了帮助顾客解除异议,进而达成交易,而不是有意为难顾客,更不能以驳倒顾客、赢得争议为目的。

(6)要讲究服务礼仪,尊重顾客。

 **案例**

顾客:"人家某某牌打折,你们这儿太贵了""打几折啊?不能便宜点吗?"

普通销售:"您要看他们的质量。一分钱一分货。"(这句话说出就已经进入价格谈判阶段,对自己不利,顾客会反击)

★金牌销售:"我完全能理解。只是您是怎么比较认为贵的呢?(微笑,沉默看着顾客)我想,只有在相同价值下才可以比较单一的东西,您说是吧?"(接着介绍公司特色、品牌优势)

★金牌销售:"嗯,我能理解您,开始也有一部分顾客这样认为。只是只要经过您研究就会了解我们的饰品物有所值,一点都不贵!"(接着解释为什么)

★金牌销售:"我想知道价钱和品质,对您来说哪个更重要呢?除了价钱之外,您还考虑什么因素?还有哪些因素呢?当您考虑价钱的同时,也会让您注意到好的品质和服务是很重要的,是吗?"(最后一个因素便是真正的原因,对症下药)

★金牌销售:"陈先生,有很多人在一开始的时候和您一样,之前都觉得价格比较贵,但他们了解之后,都决定选择我们的珠宝品牌。您想知道是什么原因吗?"

★金牌销售:"我能理解,我们都希望花少的钱买到好的东西。或者说花了钱无所谓,重要的是得到值的东西。在这一点上,我想您也知道现在的打折现象到底是怎么回事,对吧?我们珠宝品牌一直以来在坚持实价销售。"

3. 化整为零法

这是处理价格异议时的一种常用方法。通常情况下,当顾客提出类似于"太贵了"之类的异议时,珠宝首饰销售人员可以改变核算方式,将大额数字换算成小额数字,使顾客在心理上接受商品价格。

案例

顾客:"这枚钻戒好是好,就是2万多元太贵了啊。"

★金牌销售:"一枚2万元钻戒,看起来是很多,可以戴20年的话,每天才2.7元。它可以戴一辈子,到那时候钻石还会增值。戴30年,一天才1元多,就如同吃一碗米饭那么容易。"

4. 转折法

珠宝首饰销售人员在对待顾客异议时,可以先肯定顾客的异议,然后再陈述自己的观点,以避免顾客产生抵触情绪,使顾客更容易接受珠宝首饰销售人员的观点。使用这种方法处理顾客异议时,首先要表示对顾客异议的认可,然后再用转折词如"但是""不过"等,把话锋一转,用有关事实和理由否定顾客的异议。

案例

顾客:"我觉得这款不好看。"

普通销售:"不会啊,它很适合您,您看……"

点评:顾客会反感。也许你说的是实情,可是人各有所爱,另外强制性语言会使顾客难以接受。

★金牌销售:"哦,我能了解,只是我想补充一下,很多款式看的效果和戴的效果是不同的,您可以戴戴看啊,我不会怕麻烦。我们一起找合适您的,好吗?"

点评:首先顾客会觉得得到了你的尊重!经过你的引导,也会愿意轻松地去尝试。主要是顾客喜欢就好。

顾客说:"这很贵。"(你需要帮顾客解决问题的是,为什么我要花这笔钱买这样东西呢?拥有后我将会得到什么?)

★金牌销售:"对,我同意,这不是一笔小钱,只是我想您也知道……而且……这样您也看到并不是很贵。您说是吗?"

5. 以优补缺法

以优补缺法是珠宝首饰销售人员在承认顾客异议具有合理性的基础上,说明商品的优点,以优点抵消或补偿缺点,以商品的其他利益来抵消或补偿其不足。要想运用好这种方法,珠宝首饰销售人员必须特别注意在实事求是地认同顾客异议的同时,应及时提出商品利于激发顾客购买欲望的其他优点,让顾客确实感到利大于弊,购买是值得的。

案例

顾客:"款式过时了。"

普通销售:"不会啊,它很适合您,您看……"

★金牌销售:"是,我懂。这个款式呢一直受到大家的喜欢,所以我们会保留下去,好比六爪皇冠的样式,经久不衰。"

6. 先发制人法

先发制人法是指珠宝首饰销售人员在销售过程中,当确信顾客会提出某些或某种异议时,抢先把问题提出来并把它作为自己的论点,争取主动,以有效解除顾客异议。这一做法往往会使顾客认识到珠宝首饰销售人员没有隐瞒自己的观点,能主动而又客观地对待自己所销售的商品,为赢得顾客的信任奠定了基础,同时也能使大事化小,小事化了,最终化解顾客异议。因此,防止顾客提出异议的一种有效途径就是先发制人。但采用这种方法时,珠宝首饰销售人员必须将顾客有可能提出来的各种异议罗列出来,并详细准备好具体的处理方法,在销售中见机行事。

> **案例**

顾客抱怨店铺中的一些事情。

★金牌销售:"啊,我懂。以前我也遇到过和您相同的状况! 真是佩服您的风度,您是我学习的榜样。"(在顾客还没有很发火时,赶紧出言)

7. 举例说明法

举例说明法是指珠宝首饰销售人员用列举事例的方法引导顾客同意自己的观点,以解除顾客异议的处理方法。当顾客提出异议后,为了有效地避免与顾客发生冲突,也为了让顾客更加信任商品,珠宝首饰销售人员可以通过介绍其他顾客,特别是顾客熟知、敬佩的顾客的意见,引导顾客认识到购买商品的好处,即它能给顾客带来的利益,以消除顾客的异议,促成交易。

三、灵活应对不同类型的顾客

珠宝首饰销售人员在销售工作中经常会遇到各种各样的顾客异议,大致可归纳为以下几种类型:价格异议、货源异议、购买时间异议、商品异议、珠宝首饰销售人员异议、服务异议等。珠宝首饰销售人员在处理顾客异议时,要根据实际情况,灵活地应对。

> **案例**

顾客:"老顾客优惠些吧!"

普通销售:"我们这儿老顾客和新顾客价格都一样。"

普通销售:"如果您是我们老顾客的话,更应该清楚我们的规定"。(顾客会感觉未得到尊重)

★金牌销售:"真的抱歉,在这一点上非常希望能够得到您的体谅和支持,好吗? 这枚吊坠给人的感觉独立而俏皮,最适合您的风格……您是我们的老顾客,刚来一种特别漂亮的盒子,数量有限,给您看看?"

顾客的问题你都感觉回答得很漂亮,售后服务的部分也讲得很好,突然顾客回你一句话"你们卖东西的人都这样说,讲的时候什么都好,后面就不一定。""你们肯定说自己的好!"怎么办呢?

> **案例**

普通销售:"您这样讲的话,我们也没有办法!"(顾客接收到的信息是:你自己看着办吧,爱买不买随便你)

普通销售:"您放心啦,我们珠宝品牌很大的,有很多专卖店呢。"(顾客会接

下句:你有没有水平啊,对我们一点都不了解)

普通应答,笑而不答。(顾客接收到的信息是:我懒得理你,不值得一答。)

★金牌销售:"是的,我能理解您的想法。因为我也是消费者,也常会有这样的疑惑。只是我想跟您讲的是我们珠宝品牌一定会用真正的服务质量、饰品品质来获得您的信任。"

任务五　促成交易

学习目标

通过本任务的学习,学习者能够:
1. 了解成交信号及成交方法。
2. 模拟交易流程。

知识要求

成交是完成销售工作的最后阶段,是整个销售过程的最后一道难关。一个优秀的珠宝首饰销售人员往往能够成功地运用销售技巧,解除顾客的犹豫和顾虑,抓住当前时机成交,从而顺利完成销售。

一、克服成交心理障碍

在建议成交的过程中,气氛往往比较紧张,珠宝首饰销售人员容易产生一些心理障碍,以致阻碍成交。

1. 不要害怕顾客的拒绝

在销售工作中,害怕主动接近顾客,更怕遭到顾客的奚落和拒绝,是新珠宝首饰销售人员常见的一种最大的心理障碍。如果一个珠宝首饰销售人员不能学会应付顾客的拒绝,不能从屡次遭到顾客拒绝的经历中获得经验并保持心理平衡的话,就会丧失自信心,最终一事无成。因此,珠宝首饰销售人员应不怕失败,具有成功的自信,做好成交失败的心理准备,并能适时调整好自己的心态,主动向顾客提出成交意向。

2. 不要看低自己的工作

有些珠宝首饰销售人员总认为自己的工作低人一等,存在着很强的自卑感,这也是一种常见的成交心理障碍。他们认为销售形同乞讨,是恳求别人买东西,因而自觉羞愧。职业自卑感的产生主要在于社会上对销售存在着极大的偏见，当然，这也与珠宝首饰销售人员自身的知识水平有限有关。因此，珠宝首饰销售人员应加强学习，丰富自己多方面的知识，认真掌握销售理论和技巧，提高自身的素质。同时，也要注意自己的服装和言谈举止，做到不急不火、彬彬有礼。另外，珠宝首饰销售人员对待顾客一定要和蔼可亲，善于察言观色，但不要卑躬屈膝，要不卑不亢，坚持原则，并维护自己的人格和尊严。

3. 期望值不能过高

珠宝首饰销售人员对成交的期望值过高也会构成一种成交的心理障碍。有些珠宝首饰销售人员前期工作完成得非常出色，而且与顾客谈得比较投机，形成了良好的人际关系，因而认为成交是水到渠成的事，从而放松了警惕，不去主动促成交易，而是被动地等待顾客提出成交。事实上，顾客很少会主动提出成交，他们一般都是等待珠宝首饰销售人员提出，特别是顾客抱着可买可不买的心态时更是如此。珠宝首饰销售人员若一味等待下去，不但浪费时间，而且有可能引起顾客的反感，最终丧失促成交易的有利时机。

因此，珠宝首饰销售人员必须克服这种心理障碍，适时地主动提出成交，并适当地施加压力，积极促成交易。

☆金牌提醒

顾客在购买前，害怕做出错误决定，不是怕花钱而是怕花错钱，往往表现出犹豫。他们往往会以"我再考虑和商量"来确保决定的正确性。顾客离开珠宝店铺后，其购买欲望会慢慢减弱，很多因素可能导致顾客不会再进本店购买。

二、准确把握成交的时机

成交的最高境界就是能准确捕捉到成交的信号，抓住转瞬即逝的成交时机。珠宝首饰销售人员在销售工作中应根据不同情况，用心体会，积累经验，以提高成交率。

恰当的成交时机，就是顾客流露出购买意图的时候。这意味着为了选择恰当的成交时机，珠宝首饰销售人员要解决两个问题：顾客通常会在何时流露出购买意图，顾客怎样流露他们的购买意图。多数情况下，顾客不会主动请求购买。珠宝首饰销售人员需要在恰当的时机主动请求顾客购买。

1. 辨别成交时机

当珠宝首饰销售人员确信顾客已经准备购买时，成交的时机就出现了。通常在下列情况下，珠宝首饰销售人员应该试着要求顾客采取购买行动。

(1)顾客专注于某种商品。顾客放弃了其他同类商品,而只对某种商品感兴趣时,珠宝首饰销售人员稍微劝说,就可能达成交易。

(2)询问相关配套商品或赠品。顾客看了商品后,有购买的打算,但不会马上表态,而是向珠宝首饰销售人员询问相关的配套商品或有无赠品。

(3)顾客征求同伴的意见。珠宝首饰销售人员向顾客做完详细的商品说明后,如果顾客征求其同伴的意见,就表明已有购买的意向了。

(4)顾客提出成交条件。在珠宝首饰销售人员向顾客做完商品说明后,顾客表现出兴趣,并提出成交条件,这时表明成交的最佳时机已经到来。

(5)开始关心售后工作。顾客已对商品满意,但对售后工作还存在疑虑,珠宝首饰销售人员如能对这些问题给予较满意的答复,就可成交。

2. 识别成交信号

在销售过程中,如果顾客已经产生购买意图,那么这种意图总会有意无意地通过语言、表情、行动流露出来。珠宝首饰销售人员可以把成交信号的出现当作促进成交的有利时机。成交信号多种多样,一般可分为以下三类。

(1)语言信号。当顾客有购买意向时,珠宝首饰销售人员可以从顾客的语言中发现。如顾客提出并开始议论有关商品的使用与保养注意事项、零配件供应等;开始讨价还价,问可否再降价等;要求继续试用及观察;对商品的一些小问题如包装、颜色、规格等提出具体的修改意见与要求;用假定的口吻与语句谈及购买等。如果顾客的语言从提出异议、问题等转为谈论以上内容时,可以认为顾客在发出成交的信号。

(2)动作信号。珠宝首饰销售人员可以通过观察顾客的动作识别顾客是否有成交的倾向。例如顾客由刚进店时处于静止状态听珠宝首饰销售人员讲解,至会动手试戴商品,仔细触摸商品,翻动商品等。当然,从原来的动态转向静止也是一种信号。

(3)表情信号。珠宝首饰销售人员要学会从顾客的面部表情中读出成交信号的眼神变化。如眼睛转动由慢变快,眼睛发光,神采奕奕,腮部放松;由咬牙沉思或托腮沉思变为脸部表情明朗轻松;情感由冷漠、怀疑、深沉变为自然、大方、随和、亲切等。这些都是顾客发出成交信号的表示。

常见的成交信号:摸下巴(表示在顾客思考是否购买时,销售人员可以试着做第一次的结束销售,不一定马上成,不成的话找到问题所在,继续处理应对问题、激发购买欲望、处理价格问题,直到结束销售过程)、双手抱胸,陷入沉思;戴着饰品不拿下,希望占为己有;身体成茶壶状,呈开放式(一手撑腰,一手摆开,一般男士会这样);身体往前,双手平放桌面(最后的请求准备出现);面露愉快的笑容;频频点头。

三、掌握成交的基本策略

为了使顾客及早采取购买行动,珠宝首饰销售人员必须掌握成交的基本策略。成交策略是对成交方法的原则性规定,是珠宝首饰销售人员在成交阶段必须遵守的活动准则。

1. 要沉得住气

在成交阶段,珠宝首饰销售人员的态度会对顾客产生很大影响。珠宝首饰销售人员如果高度兴奋、喜形于色,会显示出自己是个新手;如果心情紧张、举动失常、词不达意,就会使成交受阻,难以实现。如果对即将取得的成果流露出忧虑或迫不及待,顾客就会起疑心。因此,珠宝首饰销售人员应平静地把信心传达给顾客,一定要让顾客觉得这个决定是他自己的主意,而非别人的意思,更不是别人逼着他这样做的,从而创造出一种愉悦的气氛,让顾客会为自己做了一笔划算的买卖而得意。

2. 要有不退缩的精神

成交是一个过程。当时机成熟时,珠宝首饰销售人员向顾客提出成交的建议,顾客就会犹豫或提出要求,此时要设法消除顾客的异议并做出必要的让步,然后再次提议,释疑,让步,不断重复,不断深化,一次次争取,直至成功。当然顾客拒绝也是常有的事。所以,珠宝首饰销售人员要正确面对拒绝,要有毫不退缩的精神,在顾客说"不"时,仍能坚持不懈,才能最终促成交易。

案例

顾客显得不愿离去,该说的都说完了,却不表态。最好的方式是直接切入。

★金牌销售:"先生,我是一个追求进步的人,所以我想请您帮一个忙:您还没决定的真正原因是什么呢?"(真诚看着对方,让他讲,找到问题后才能有针对性地再次说服)。

3. 保留一定的成交余地

保留一定的成交余地,就是要保留一定的退让余地。任何交易都会有一番讨价还价,经过几番周折才最终达成。因此,珠宝首饰销售人员不能随便亮出"老底"。如果把所有的优惠条件都告诉顾客,当顾客需要珠宝首饰销售人员再做些让步才同意成交时,就没有退让的余地了。所以,为了减少被动,有效地促成交易,珠宝首饰销售人员一定要保留适当的退让余地。

四、运用有助于成交的方法

成交的方法很多,有助于顺利成交的最常用方法有以下几种。

1. 请求法

请求法即珠宝首饰销售人员用简单明了的语言,直接向顾客提出购买商品的建议或要求,这是一种最简单也是最基本的成交方法。在以下三种情况运用此法较为适合:①接待老顾客;②顾客对商品有兴趣时,即当知道顾客对商品有兴趣,已有购买之心,只是一时犹豫拿不定主意时,运用此法可顺利成交;③顾客有购买意向时,即当顾客提不出异议,想买却又不便主动提出时,可采用此法成交。

2. 假设法

假设法的前提是要断定能够成交,这是做成每一笔销售的基础。珠宝首饰销售人员要假定顾客"肯定会购买",并把这种想法在言谈举止和仪态表情中反映出来,但要注意不能表现得趾高气扬或过于自信,而是在一言一行中都不流露出一丝一毫的疑虑。这样即可在轻松的气氛中,增强顾客的购买信心,使之做出成交的决定。假设法适用于老顾客、中间商购买者、决策能力层次低的顾客以及主动表示要购买的顾客。

3. 缩小选择法(二选一法)

缩小选择法就是珠宝首饰销售人员依据顾客的需求,为顾客确定一个有效的选择范围,并要求顾客立即予以选择成交的方法。当顾客可供选择的商品范围过大,难以做出决定时,应当使用此法。珠宝首饰销售人员要善于帮助顾客剔除那些不合适的商品,而把顾客的注意力集中到需要购买的商品上,以做出选择。二选一法以顾客购买为前提,再次询问顾客所需求的数量和款式等,这样顾客就不会将考虑的重点放在是否需要购买的选择上,比较容易促成成交。在你不明确顾客到底在想什么时,也可用此法来探测顾客的真实想法。

★金牌销售:"根据您的需求,我觉得这两款(各自特点),您选择这一个还是那一个呢?"

4. 优惠法

优惠法是珠宝首饰销售人员通过向顾客提供进一步的优惠条件而促使成交的方法。这种方法主要适用于求利心切而又在同行购买者中有影响力的顾客、大批量生产可降低成本的商品、同竞争对手争夺顾客的特别时期,以及一些季节性消费和季节性购买的商品等。使用优惠法时应服从卖场的整体营销策略及其他促销活动,不要随意滥用优惠法。在顾客犹豫时,运用此法,告知其饰品款式有限,时间有限,会增加顾客购买的紧迫感。优惠法就是用有限的名额、有限的数量和有限的活动时间等来促成成交和订单。

5. 分段法

这是一个把成交过程分为多个阶段的方法。运用分段法时应注意各段落之间的衔接要紧凑,注意各段目标之间的内在联系,每个段落后应及时承上启下,应明确下一阶段要谈的问题等。

6. 从众法

从众法是指珠宝首饰销售人员利用顾客的从众心理,促使顾客立即进行购买的方法。当某一顾客了解到很多顾客已经购买了某个商品后,无形中会产生一种压力与紧迫感,促使他很快下决心购买。运用从众法时应准确地选好中心顾客,才能说服其他顾客跟随购买。

7. 异议法

异议法是珠宝首饰销售人员利用处理顾客异议的机会,直接要求顾客成交的方法。运用异议法时应注意分析顾客异议的类型,确定主要的成交异议后再进行处理,并请求成交。珠宝首饰销售人员要注意气氛与态度,不要给顾客造成过大的心理压力。同时,选准有影响的顾客及有利时机,尽量扩大影响力。

案例

顾客:"你们讲得那么好,要是我买了戒指,几年后你们店倒了怎么办?"

★金牌销售:"先生您真是会开玩笑,和您在一起,我也学会幽默了。"

★金牌销售:"您好幽默啊。您有这些顾虑我能理解,所以您才会选择我们珠宝公司,是吗?"(用一句开玩笑的话转过去,不多解释与搭话,继续做结束销售的工作)

8. 最后机会法

最后机会法会让顾客感到错过机会就很难再买到此商品,是一种坚定顾客购买决心的方法。例如节假日期间减价、折扣、特价等。运用最后机会法时应注意:必须针对顾客的机会心理动机,选择好成交促成机会,顾客不会对所有机会都加以注意,只有针对顾客重视的机会进行提示,才能达到促成交易的目的;运用最后机会法时,应与其他活动相配合,使之具有可信性;应适当提出成交的内容与条件限制,使顾客感到适当的心理压力与成交紧迫感。

9. 印证法

当顾客对商品的个别问题持有疑虑、迟迟不愿做出购物决定时可向他介绍其他顾客使用此商品的情况，来印证珠宝首饰销售人员所作的介绍。另外，还可将顾客的注意力引到其他方面，借以消除顾客犹豫的因素，但一定要让顾客感受到珠宝首饰销售人员的真诚。

10. 限制法

限制法是指珠宝首饰销售人员利用限制购买期限以督促顾客购买的方法。如我们常见的"开业大吉，优惠三天""存货有限，欲购从速"等，就是典型的限制法的实例。人们往往对各种各样的机会，特别是那些一去不复返的机会给予极大的关注，因而采取限制法往往能营造出有利于成交的环境氛围，吸引顾客的注意力。值得注意的是，限制法能给顾客造成一种心理恐慌，运用此法时必须谨慎，最根本的一点就是要遵守职业道德，应当在完全符合事实的情况下，才能使用此法。

五、成交后的建议

第一印象很关键，最后印象同样重要。对一连串发生的事，人们最易记住的往往是事情的开头和结尾。结束销售时，记住不但要表现出对"事"的兴趣，而且要表现出对作为顾客的"人"的兴趣。每个人包括你的顾客，都需要得到别人的认可，而销售人员若成交后便无暇顾及的话，会造成顾客的不良感受。有哪些激励顾客的手段可供使用并能为将来的销售（顾客的再次消费和顾客间的转介绍）打好基础呢？

1. 表达谢意，夸奖顾客

没有讲出来的赞美是被克扣的报酬！销售人员应祝贺顾客，同时向他表明买这件饰品买对了。谁不喜欢别人肯定自己所作的选择呢？

案例

★金牌销售："您真有眼光，我相信收到您这件礼物的人，一定会很满意！"
★金牌销售："祝福你们度过一个甜蜜的情人节。"

2. 保证迅速办妥售后事项

顾客因尺寸、长短等原因，成交之后却不能立即佩戴，需要相配套的服务（比如改指环、加搭扣等）时，会产生担心。销售人员要及时向顾客承诺高效率且高质量的售后服务，这会让顾客感到即使达成了交易，我们仍把顾客的需求放在心上。

3. 提供帮助

如果在交易达成后还为顾客提供一些生活上的小建议或者解决顾客遇到的小麻烦,尽管是举手之劳,却会给顾客留下好印象,让你成为一位受欢迎的销售员。好比我们播下了种子,总有一天会收获。

★金牌销售:"在以后的佩戴中您还有什么不清楚的,可以随时打电话过来,我会及时为您服务的。"

六、未成交后送别顾客

对珠宝首饰销售人员来说,未成交难免会让人感到失望、沮丧,但应时刻提醒自己,必须具备积极乐观的工作精神和屡败屡战的思想准备。在成交失败后,不放弃送别顾客,可能会带来成交希望的最后一线生机,为下一次面谈留下回旋的余地。

1. 直面失败

无论是哪种原因造成的失利,珠宝首饰销售人员都必须要有坚定的信念和乐观的态度。送别顾客时要表现出稳健持重、正直坦诚的言行举止。

2. 要有宽容的胸怀

顾客有权决定是否购买商品,也有权选择向谁购买。因此,珠宝首饰销售人员不能因为没有成交,就责怪顾客,而应该与顾客保持良好的人际关系。顾客现在也许不需要这种商品,但不代表以后不需要。

3. 查找失败原因

失败后,珠宝首饰销售人员可以向顾客询问失败的原因,以及学习竞争对手成功的经验。如果珠宝首饰销售人员能诚恳地向顾客提出这些问题,而且与顾客之间建立了良好的人际关系,就可能获得有益的反馈信息,而这些反馈信息对以后的成交将会起到不可估量的作用。

4. 争取客户推荐

珠宝首饰销售人员应尝试请求顾客推荐新顾客,以此弥补因成交失利而招致的损失。因为老顾客推荐的新顾客,更容易获得彼此的信任。

★ 课后训练

一、销售案例分析

有一位顾客听完销售人员讲解的活动细则之后,十分恼火,决意退掉预订的钻戒。原因是他认为活动海报在玩文字游戏。照字面理解的意思是:他这一次购物满 8 000 元即可享受贵宾待遇,享受优惠。这位销售人员却对他说:"这位先生,不是这样的,您理解错了。"

顾客瞪圆了眼:"对,你们商家总是对的!这是你们商家的惯用欺诈行为!"说着并亮出了他的法官证,"我搞法律的,告诉你们,文字游戏我见多了!"

1. 在这个过程中,销售人员犯了什么错?
2. 如果是你,你会怎样分析情况并继续开展活动?

二、实训操作

1. 实训目的

通过本次实训,使学习者掌握珠宝首饰销售中的销售技巧。

2. 实训要求

以小组为单位完成一个完整的销售过程(从顾客进店到顾客付款),要求在销售过程中有合适的顾客接待时机;根据顾客需求进行商品推荐,并使用推荐技巧;同时使用顾客异议处理技巧。

3. 实训材料

实训材料有珠宝首饰营销实训室、珠宝柜台、珠宝首饰等。

4. 实训步骤

根据活动内容和要求设计一个销售脚本,进行角色扮演,完成脚本。

5. 实训检验(表 8-2)

表 8-2 评价量表

评价内容	3 分	2 分	1 分
参与情况	全员参与	1 人未参与	
销售语言	使用正确的销售语言,语言恰当	能使用正确的销售语言,1~2 处不恰当	能使用正确的销售语言,2 处以上不恰当
销售过程	接待时机、语言准确;根据顾客需求进行推荐;结束销售。3 处内容使用正确	1~2 处内容使用正确	1 处内容使用正确
销售技巧	热销气氛;促进购买;价格异议处理;使用画面描述。4 处内容使用正确	3 处内容使用正确	2 处内容使用正确
时间	13~15min	超时或不足 2min	超时或不足 4min

单元九　售后服务

任务一　掌握珠宝首饰产品的售后服务

★ 学习目标

通过本任务的学习,学习者能描述珠宝首饰产品的售后服务内容,模拟提供顾客售后服务。

★ 知识要求

优秀的珠宝首饰销售人员都知道,达成交易只是销售的开始,并不是销售的终结,完善的售后服务对珠宝首饰销售人员来说非常重要。售后服务是指珠宝首饰售出之后,店铺向购买商品的顾客提供的各项服务。

一、完善售后服务的重要性

(1)完善的售后服务,可以加强竞争优势。在市场竞争中,谁能为顾客提供周到的服务,谁的竞争能力就强。随着商品经济的发展,商品日益丰富,顾客需求千变万化,不仅需要商品,也需要服务。服务质量高,顾客乐意上门,就会促进商品销售。

(2)完善的售后服务,可以促进再销售。珠宝首饰销售人员的优质服务,能使本品牌在服务方式、方法和手段上与众不同,对顾客形成特殊的吸引力,顾客一旦有此类需求,会立即想到有特殊服务手段的品牌,从而给该品牌带来经营机会。

(3)完善的售后服务,有助于拥有固定的顾客群体,有助于品牌形象的建立。以顾客为中心,为顾客提供优质服务,就会使老顾客不断购买本品牌的商品,从而提升商品销售量,提高企业的经营效益。同时,也有助于品牌形象的建立。

(4)完善的售后服务,可以节省销售的时间和费用。稳定老顾客是降低销售成本的最好方法。珠宝首饰销售人员做好每位老顾客的售后服务，可以节省很多开发新顾客的时间和精力。

(5) 完善的售后服务，有助于品牌更好地满足顾客的需求。珠宝首饰销售人员是品牌与顾客联系的纽带。珠宝首饰销售人员可以把顾客的意见、愿望及时地反馈给品牌，以不断提高产品或服务质量，进而满足顾客的需求。

二、售后服务的内容

当珠宝首饰销售人员销售成功，顾客购买产品，付款之后，并不意味着购买活动结束，珠宝首饰销售人员不应匆匆离开或是急匆匆去招呼其他顾客，防止顾客产生不好的感觉，而应该与顾客继续交谈一段时间，这样才能让顾客觉得珠宝首饰销售人员不只是为了成交。

(1) 肯定顾客的购买决定是一项明智的选择。在这个阶段，顾客刚刚掏钱买下了产品，心里可能会有些不踏实。此时，珠宝首饰销售人员一定要把握住顾客的心理，多肯定他们的购买决定，让他们觉得自己真正做了一件明智的事。这样，他们才不会回去后越想越不舒服而最终决定下次再也不买了。珠宝首饰销售人员一定要让顾客感觉到买的产品是很值、很合适的。这样，他们才会心甘情愿地再次购买。

(2) 向顾客介绍产品的使用方法及注意事项。这可以说是售后服务中最重要的部分。因为顾客购买了产品之后，很可能并不了解产品正确的使用方法，或者顾客会以他自己认为正确的方法去使用产品，这时就很需要珠宝首饰销售人员的介绍。如果珠宝首饰销售人员不向顾客介绍，使顾客用错误的方法去对待购买的产品，就达不到预想的效果。所以，珠宝首饰销售人员一定要耐心地向顾客介绍产品的使用办法及注意事项。

(3) 质量信誉卡的发放。质量信誉卡的基本内容有销售单位、商品或服务的名称、规格与型号、质量等级、售出时间、售出数量、销售价格、注册商标、生产厂家、用户姓名等。将质量信誉卡发放到顾客手中，可发挥一定的质量担保作用和社会监督作用。顾客凭质量信誉卡可享受退换、维修等多项服务；服务单位则应按其规定，承担属于己方的一切责任。珠宝首饰销售人员发放的质量信誉卡，要印制规范、填写准确、说明清楚。销售人员有义务负责解释质量信誉卡并承担必要的责任。

三、建立顾客档案

建立顾客的基本资料档案，是完善售后服务、提升柜台销售技巧的有效手段。建立顾客档案可以稳定已争取到的顾客，促使他们继续购买。同时，还可以通过这些顾客的口口相传,争取到更多更新的顾客,提高经济效益和社会效益。

1. 顾客档案信息来源

一般来说,顾客档案信息都是在销售过程中获取的,珠宝首饰销售人员可在与不同顾客的接触中逐渐掌握大量的顾客信息。这些过程可以表现在以下一些方面。

(1)作为使用信息或意见调查,以备日后联系顾客之用。

(2)在促销活动中,填好"顾客资料卡"的顾客有机会获赠一份礼物。

(3)发送商品样本或商品简介等宣传资料给顾客,并附回执单或反馈卡等。

(4)当柜台缺货时或为部分提前预订的顾客提供"登记表"时,请顾客留下基本资料、联系方式和要求,以便到货及时通知购买。

(5)有的柜台以积分券的方式进行商品促销,请顾客填写"顾客资料卡",给购物积分达到一定标准的顾客以适当的优惠服务。

(6)以网上调查表形式或推行会员制服务的形式,全面调查顾客资料。

(7)通过市场或抽样调查的方式,掌握顾客的信息。

2. 建立顾客档案的目的

建立顾客档案主要是为了能够让顾客满意地把商品买回家,同时也可根据顾客资料了解购买群体倾向及所需达到的目标。

(1)了解顾客的基本资料。顾客的基本资料包括顾客的姓名、地址、电话号码、家庭规模、收入水平、年龄、性别、消费爱好、对商品的期望等。

(2)了解顾客的需求。了解顾客的需求,是珠宝首饰销售人员进货的重要参考。因为顾客的需求随着流行趋势的变化和顾客收入水平的提高而变化。所以,要建立顾客档案,对顾客进行调查,以了解其真实需求。

(3)实现管理的现代化。充分运用各种信息,通过电子档案和会员卡等各种先进的现代化工具进行信息管理,以便更好地为顾客服务。

(4)记住老顾客,发展新顾客。建立顾客档案可以使顾客觉得商品或商场的售后服务好,有利于建立良好、稳固的顾客关系。在记住老顾客的同时,还可以开发新顾客,让老顾客带来更多的新顾客。

3. 顾客档案的内容

建立顾客档案是为了给顾客提供最优质、最快速、最现代的服务。所以,档案的内容应该以了解顾客的全部资料为宜。

(1)记录顾客的姓名、职业、地址、年龄、电话、购买的商品名称等。

(2)尽量采用电脑统一格式记录,既方便又显得很正式。可参考以下方法:

①按照姓名笔画排列顾客资料;②用易理解的记号、数字代表居住区域、年

龄层、喜好、购买金额等；③根据代号，将顾客的属性写在姓名的旁边。

四、与顾客建立长期联系

售后服务的目的就在于巩固顾客群体，培育顾客的忠诚度。为了达到这样的目的，需要开展良好的售后服务，与顾客建立长期联系，最大限度地满足顾客需求。在珠宝首饰销售人员提供的售后服务中，与质量跟踪有关的有三项连带性的措施：一是质量信誉卡的发放，二是对来信来电来访的处理，三是咨询服务。如欲做好售后服务，对此三者均应认真对待。

五、咨询服务的提供

咨询服务，一般是指顾客在购买商品之后，就与此相关的使用、保养、维修等方面的问题，要求服务单位给予解答、指导时，所应当享受到的服务。

在服务过程之中，咨询服务乃是重要的配套项目，不可或缺。营业单位最好设立专用的咨询电话，正式向社会公布。珠宝首饰销售人员在接到顾客的咨询电话时，必须善解人意，保持热心与耐心。

☆ 课后训练

一位姓陈的顾客将戴了一年多的钻戒拿到店内进行改款。服务人员在打消了她的一些顾虑，所有的事项办理妥当后，约定23天后到专卖店领取"新款"戒指。到约定之日，陈姓顾客怀着能看到新戒指的兴奋跨进店门。

陈姓顾客："你好，我来取改款的钻戒。"

销售人员："您好，将您的单据给我看一下好吗？"

服务人员寻找之后，抱歉地对陈姓顾客说："对不起，您的钻戒还没到店里，让您白跑一趟了，您的戒指一到，我们立刻和您联系，好吗？"

陈姓顾客立即沉下脸来说："你们说好可以取的，为什么取不了？什么原因？戒指没到，为什么事先不打电话给我？我是推掉其他事情才过来的！"顾客非常气愤。

1. 你觉得这期间，哪方面出现了差错，导致了顾客的不满？应如何避免？
2. 你认为应该做出哪些补救措施呢？

参考文献

安宇.销售人员五项基本技能训练[M].北京:北京大学出版社,2004.
白继洲.卖场管理实务[M].广东:广东经济出版社,2003.
陈立平.卖场销售[M].北京:中国人民大学出版社,2008.
陈企华.成功化解顾客拒绝[M].北京:中国纺织出版社,2003.
程实.导购手册[M].北京:中国纺织出版社,2004.
狄振鹏.服务营销技巧[M].北京:北京大学出版社,2006.
丁兆领.店铺数字与报表分析[M].北京:中国发展出版社,2010.
樊丽丽.完美销售导购服务规范手册[M].北京:民族出版社,2004
龚毅,刘亚南.导购代表手册[M].北京:企业管理出版社,2003.
黄桂芝.零售销售[M].北京:清华大学出版社,1998.
康敏.如何进行以客户为中心的销售[M].北京:北京大学出版社,2004.
李骏阳.零售学[M].北京:科学出版社,2009.
李宽.超级导购[M].北京:中国纺织出版社,2003.
李志.销售心理学基础[M].北京:高等教育出版社,2002.
刘桦.销售语言与服务礼仪[M].北京:高等教育出版社,2002.
刘敏兴.销售人员专业技能训练[M].北京:中国社会科学出版社,2003.
刘涛.门市销售服务技巧[M].北京:北京大学出版社,2003.
卢岱元.店面销售人员职业化训练[M].北京:北京大学出版社,2003.
罗伯特·布莱.成功销售的15种方法[M].李政,译.北京:机械工业出版社,2004.
罗伯特·赫勒.销售技巧[M].宋伟,译.上海:上海科技出版发行有限公司,2001.
麦肯斯特营销顾问公司.导购销售:技巧与策略[M].北京:经济科学出版社,2005.
麦肯斯特营销顾问公司.柜台销售:技巧与策略[M].北京:经济科学出版社,2005.
麦肯斯特营销顾问公司.门店销售:技巧与策略[M]北京:经济科学出版

社,2005.

王牌推销大全编辑委员会.王牌推销大全[M].北京:经济日报出版社,1995.

王维义.让顾客做决定[M].黑龙江:吉林科学技术出版社,2003.

王旭,代司晖,植宝.珠宝首饰店铺开店指南[M].北京:化学工业出版社,2013.

王旭,申柯娅.珠宝首饰营销学[M].武汉:中国地质大学出版社,2002.

肖怡然.零售学[M].北京:高等教育出版社,2008.

熊银解.销售管理[M].北京:高等教育出版社,2001.

张蓓莉.系统宝石学[M].北京:地质出版社,2006.

张涛.店铺经营管理培训教程[M].北京:中国大地出版社,2004.

赵咏涛.导购从业规范[M].山西:中国经济出版社,2004.

图书在版编目(CIP)数据

珠宝首饰销售岗位实务/阮耀华,陈畅编著. —武汉:中国地质大学出版社,2019.4(2024.9重印)

ISBN 978-7-5625-4535-4

Ⅰ.①珠… Ⅱ.①阮… ②陈… Ⅲ.①宝石-销售学-教材 ②首饰-销售学-教材 Ⅳ.①F768.7

中国版本图书馆 CIP 数据核字(2019)第 074883 号

珠宝首饰销售岗位实务			阮耀华 陈畅 编著
责任编辑:彭 琳	选题策划:张 琰		责任校对:徐蕾蕾
出版发行:中国地质大学出版社(武汉市洪山区鲁磨路388号)			邮政编码:430074
电 话:(027)67883511	传 真:67883580		E-mail:cbb@cug.edu.cn
经 销:全国新华书店			http://cugp.cug.edu.cn
开本:787毫米×960毫米 1/16		字数:196千字	印张:10
版次:2019年4月第1版		印次:2024年9月第4次印刷	
印刷:武汉市天星美润设计印务有限公司		印数:3001—4000册	
ISBN 978-7-5625-4535-4			定价:49.00元

如有印装质量问题请与印刷厂联系调换